Wirtschaftsförderung in Lehre und Praxis

Weitere Bände in dieser Reihe
http://www.springer.com/series/15091

Herausgeber:

André Göbel
FB Verwaltungswissenschaften
Hochschule Harz
Halberstadt, Deutschland

Die Buchreihe ergänzt das Studium der Wirtschaftsförderung an der Hochschule Harz und wurde unter der Leitung von Professor Dr. André Göbel in enger Kooperation mit Partnern aus der Wissenschaft und Praxis entwickelt. In einem modularen Aufbau werden Grundlagen-, Methoden- und Schlüsselkompetenzen vermittelt. Neue Bedingungen im kommunalen, regionalen und internationalen Standortwettbewerb erfordern eine moderne Verwaltungsinfrastruktur mit ausgezeichnet qualifiziertem Nachwuchs an Fach- und Führungspersonal. Eine hohe Serviceorientierung, effektive Methoden und Technologien und eine immer stärkere Verzahnung mit der kommunalen Entwicklung prägen das Bild der heutigen Wirtschaftsförderung. Als Bindeglied zwischen Verwaltungen und Unternehmen bieten Wirtschaftsförderungen ein vielseitiges Tätigkeitsfeld. Buchreihe und Zertifikatskurs richten sich an MitarbeiterInnen aus der Wirtschaftsförderung, der kommunalen Verwaltung sowie an politische Mandatsträger und an Interessierte aus ähnlichen Berufsfeldern.

Philip Pongratz · Matthias Vogelgesang

Standortmanagement in der Wirtschaftsförderung

Grundlagen für die Praxis

Philip Pongratz
PGA mbH
Kaiserslautern, Deutschland

Matthias Vogelgesang
WFK
Kaiserslautern, Deutschland

Wirtschaftsförderung in Lehre und Praxis
ISBN 978-3-658-14203-2   ISBN 978-3-658-14204-9 (eBook)
DOI 10.1007/978-3-658-14204-9

Die Deutsche Nationalbibliothek verzeichnet diese Publikation in der Deutschen National-bibliografie; detaillierte bibliografische Daten sind im Internet über http://dnb.d-nb.de abrufbar

Springer Gabler
© Springer Fachmedien Wiesbaden 2016
Das Werk einschließlich aller seiner Teile ist urheberrechtlich geschützt. Jede Verwertung, die nicht ausdrücklich vom Urheberrechtsgesetz zugelassen ist, bedarf der vorherigen Zustimmung des Verlags. Das gilt insbesondere für Vervielfältigungen, Bearbeitungen, Übersetzungen, Mikroverfilmungen und die Einspeicherung und Verarbeitung in elektronischen Systemen.
Die Wiedergabe von Gebrauchsnamen, Handelsnamen, Warenbezeichnungen usw. in diesem Werk berechtigt auch ohne besondere Kennzeichnung nicht zu der Annahme, dass solche Namen im Sinne der Warenzeichen- und Markenschutz-Gesetzgebung als frei zu betrachten wären und daher von jedermann benutzt werden dürften.
Der Verlag, die Autoren und die Herausgeber gehen davon aus, dass die Angaben und Informationen in diesem Werk zum Zeitpunkt der Veröffentlichung vollständig und korrekt sind. Weder der Verlag, noch die Autoren oder die Herausgeber übernehmen, ausdrücklich oder implizit, Gewähr für den Inhalt des Werkes, etwaige Fehler oder Äußerungen.

Coverdesign: deblik Berlin unter Verwendung der Grafik der © Hochschule Harz

Gedruckt auf säurefreiem und chlorfrei gebleichtem Papier

Springer Gabler ist Teil von Springer Nature
Die eingetragene Gesellschaft ist Springer Fachmedien Wiesbaden GmbH
Die Anschrift der Gesellschaft ist Abraham-Lincoln-Strasse 46, 65189 Wiesbaden, Deutschland

Reihenvorwort des Herausgebers

Prof. Dr. André Göbel
(Foto: Hochschule Harz)

Der vorliegende sechste Band in der Schriftenreihe zur „Wirtschaftsförderung in Lehre und Praxis" soll einen Beitrag zur weiteren Professionalisierung der kommunalen Wirtschaftsförderung im deutschsprachigen Raum leisten. Die Schriftenreihe ist dabei prominent eingebettet in die Entwicklungen und angewandt–wissenschaftlichen Auseinandersetzungen beteiligter Forscherinnen und Forscher am Fachbereich Verwaltungswissenschaften der Hochschule Harz auf dem Campus Halberstadt in Sachsen-Anhalt.

Der Forschungs- und Ausbildungsbereich zur Wirtschaftsförderung ist ein interdisziplinärer Themencluster mit starkem Bezug zur öffentlichen Verwaltung. Am Fachbereich Verwaltungswissenschaften der Hochschule Harz wird dieser Themencluster unter anderem als eigenständiger Forschungsschwerpunkt intensiv bearbeitet. Der junge Fachbereich entstand durch die Externalisierung der nicht-technischen Ausbildung zum gehobenen Verwaltungsdienst in Sachsen-Anhalt im Jahre 1997 – ein damaliges Innovationsmodell zur Öffnung der Verwaltungsausbildung und Überführung in eine öffentliche Hochschule. Bis heute wird diese Vorgehensweise als „Halberstädter Modell" bezeichnet und wurde in späteren Jahren auch von anderen deutschen Bundesländern umgesetzt (Bundesvereinigung Hochschullehrerbund 1998, S. 21). Diese Öffnung der Ausbildung ließ erstmals eine breitere Denomination der Professuren und damit auch eine Ausweitung der Ausbildung zu. Mit der Berufung des heutigen Dekans Prof. Dr. Stember auf die Professur für Verwaltungswissenschaften im Jahre 1999, folgte ein erfahrener Wirtschaftsförderer dem Ruf an die Ausbildungsstätte im Harz. Auch durch andere Kolleginnen und Kollegen wurden immer wieder Themen der kommunalen Wirtschaftsförderung in die Ausbildung integriert.

Aus diesem Nukleus heraus entstanden erste Forschungsprojekte bis hin zum Aufbau des heute bundesweit viel beachteten Labors für angewandte IT in der Wirtschaftsförderung. Dieses „Wirtschaftsförderungslabor" führt inzwischen vertraglich mehr als 50 kommunale Wirtschaftsförderungen und die deutschen Marktführer von System- und Beratungslösungen für Wirtschaftsförderungen als Partner zusammen. Hier werden seit dem Jahr

2011 in einer einzigartigen Gemeinschaft neue Methoden und Technologien im Anwendungsfeld der Wirtschaftsförderung analysiert, diskutiert und im Praxiseinsatz erprobt. Hinzu kam im Jahr 2013 der Aufbau eines zugehörigen Lehrlabors zur besseren Verzahnung von Forschung und Ausbildung (vgl. Göbel 2014).

Diese Leistungen wurden durch eine erfolgreiche Teilnahme am Wettbewerb „Aufstieg durch Bildung: offene Hochschulen" honoriert. Hierdurch werden seit 2014 mit Förderung des Bundesministeriums für Bildung und Forschung, kofinanziert durch die Europäische Union mit Mitteln des Europäischen Sozialfonds, erste Zertifikatskurse zur berufsbegleitenden Weiterbildung in der Wirtschaftsförderung realisiert. Mit großem Bestreben werden ab dem Wintersemester 2016/2017 diese geförderten Weiterbildungsangebote nachhaltig zu einem berufsbegleitenden und modular angebotenen Zertifikats- und Masterstudium an der Hochschule Harz zusammengeführt. Hierdurch möchte die Hochschule Harz der bestehenden Nachfrage gerecht werden, welche die vorliegenden Anfragen und die bisherigen Teilnehmer von der Geschäftsführungsebene bis zur Sachbearbeitung bestätigen.

Um diesen Ausbildungsbeitrag zur Professionalisierung des Berufsbilds der Wirtschaftsförderinnen und Wirtschaftsförderer weiter zu stärken, werden mit der vorliegenden Schriftenreihe die gewonnenen Erkenntnisse aus Lehre und Praxis sowohl als Printmedium sowie auch in Form von digitalen Auszügen über moderne Kommunikationskanäle verfügbar gemacht. Die aktuell in sehr kurzen Zyklen produzierten Bände dieser Schriftenreihe folgen dem modularen Ausbildungsziel des oben genannten Zertifikatsstudiums an der Hochschule Harz. In diesem Rahmen werden je vier Bände mit dem Schwerpunkten Verwaltungswissenschaft, Geografie/Raumplanung sowie Wirtschaftswissenschaft entwickelt und in kurzen Abständen veröffentlicht. Somit soll eine modulare Weiterbildung für aktuell häufig vertretene Berufsgruppen in der kommunalen Wirtschaftsförderung ermöglicht werden. Hierzu gehören vor allem Geografinnen und Geografen mit möglichen Weiterbildungsbedarfen in Verwaltung und Wirtschaft; Soziologinnen und Soziologen sowie Studierende mit einem Abschluss in den Verwaltungswissenschaften mit jeweiligen Weiterbildungsbedarfen in Geografie und Wirtschaft; sowie Studierende der Volks- oder Betriebswirtschaft mit denkbaren Weiterbildungsbedarfen in Verwaltung und Geografie. Diese Bedarfe sollen mit der vorliegenden Schriftenreihe zur Wirtschaftsförderung in Lehre und Praxis aufgenommen und bearbeitet werden. Gleichermaßen gelten alle nachfolgenden Kernveröffentlichungen gleichzeitig als Basislektüre für das Weiterbildungsangebot zur Wirtschaftsförderung an der Hochschule Harz. Die vorliegende Schriftenreihe umfasst dabei perspektivisch folgende Bände:

Im Spektrum „Verwaltungswissen für Wirtschaftsförderer" erscheinen:

- Grundlagen der Wirtschaftsförderung
- Steuerung, Methoden und Netzwerke in der Wirtschaftsförderung
- Serviceorientierte Verwaltung und Wirtschaftsförderung
- Neue Technologien in der Wirtschaftsförderung

Zum Themencluster „Geographie und Raumplanung für Wirtschaftsförderer" erscheinen:

- Entwicklung und Regionalökonomie in der Wirtschaftsförderung
- Wissen- und Innovationsgeografie in der Wirtschaftsförderung
- Standortmanagement in der Wirtschaftsförderung
- Standortmarketing in der Wirtschaftsförderung

Im Bereich „Wirtschaftswissen für Wirtschaftsförderer" werden aktuell vorbereitet (Arbeitstitel):

- Existenzgründung und Existenzförderung in der Wirtschaftsförderung
- Unternehmensfinanzierung und -förderung aus Sicht der Wirtschaftsförderung
- Innovationsmanagement in Unternehmen aus Sicht der Wirtschaftsförderung
- Unternehmensführung und Wandel aus Sicht der Wirtschaftsförderung

Neben diesen Aspekten werden auch Querschnittsthemen in die Reihe einfließen, wie zum Beispiel aktuelle Themen der Strategieentwicklung zur Organisation der Wirtschaftsförderung und weitere Aspekte.

Mit all diesen thematischen Facetten soll ein Beitrag zur breiten öffentlichen Diskussion über die Chancen der Professionalisierung sowie über die notwendigen Kompetenzen, Ausstattungen und künftigen Aufgaben der kommunalen Wirtschaftsförderung geleistet werden. Ich freue mich daher Ihnen als Leserin und Leser nun gemeinsam mit Dr. Philip Pongratz und Matthias Vogelgesang diesen Übersichtsband zum „Standortmanagement in der Wirtschaftsförderung" in der Schriftenreihe zur Wirtschaftsförderung in Lehre und Praxis anbieten zu können. Wir freuen uns auf Ihre Rückmeldungen und wünschen Ihnen eine angenehme Lektüre.

Ihr
Prof. Dr. André Göbel
Vertreter der Professur für Verwaltungsmanagement und Wirtschaftsförderung, Hochschule Harz Leiter der Labore für angewandte IT in der Wirtschaftsförderung

Literatur

Bundesvereinigung Hochschullehrerbund 1998: Halberstädter Modell der FH Harz ist bundesweit einzigartig. Die neue Hochschule Jg. 39 (1998), H. 1

Göbel, André 2014: Möglichkeiten einer gezielten Förderung der Zusammenarbeit von Hochschulen, Wirtschaft und Verwaltung. Darstellung am Beispiel des Aufbaus eines Innovationslabors für Wirtschaftsförderung an der Hochschule Harz. In: Lück-Schneider, Dagmar; Kraatz, Erik: Kompetenzen für zeitgemäßes Public Management. HWR Forschung Bd. 56/57. Edition Sigma Verlag.

Abkürzungsverzeichnis

AG	Aktiengesellschaft
BauGB	Baugesetzbuch
BImA	Bundesanstalt für Immobilienaufgaben
BMWi	Bundesministerium für Wirtschaft und Energie
BPlan	Bebauungsplan
Bspw.	Beispielsweise
CERT	Computer Emergency Response Team
DStGB	Deutscher Städte- und Gemeindebund
EDV	Elektronische Datenverarbeitung
FMC	Facility Management Controlling
FML	Facility Management Logistik
FNP	Flächennutzungsplan
Gem.	Gemäß
GKZ	Amtlicher Gemeindeschlüssel
GmbH	Gesellschaft mit beschränkter Haftung
I.d.R.	In der Regel
IG	Industriegebiet
KL	Kaiserslautern
ÖPNV	Öffentlicher Personennahverkehr
PPP	Public-Private-Partnership
RAL	Reichsausschuss für Lieferbedingungen
TÜV	Technischer Überwachungsverein
u. a.	Unter anderem
USA	United States of America

Inhaltsverzeichnis

1 Einführung 1
   1.1 Problemhintergrund und Aktualität 1
   1.2 Ziele des Moduls und Ausrichtung 1
   1.3 Strukturierungen 2
   1.4 Literatur- und Materialüberblick 2
   1.5 Theoretischer Zugang 3
   1.6 Lernziele 3

2 Standortmanagement und Standortentwicklung 5
   2.1 Prolog: Standortwettbewerb 6
   2.2 Standort 8
   2.3 Standortmanagement und Standortentwicklung 10
   Literatur 21

3 Standortfaktoren für Unternehmen 23
   3.1 Standortfaktoren und Standortentwicklung 25
   3.2 Standortwahl von Unternehmen 26
   3.3 Standortfaktoren im Überblick 33
   3.4 Standortbestimmung und Wirtschaftsförderung 34
   3.5 Wandel in der Bedeutung spezifischer Standortfaktoren 34
   Literatur 38

4 Infrastrukturmanagement 39
   4.1 Infrastrukturen im Überblick 41
   4.2 Positionsbestimmung im Feld von Infrastruktur 47
   4.3 Wirtschaftsförderung und Infrastrukturmanagement 51
   Literatur 59

5 Flächen- und Immobilienmanagement 61
   5.1 Flächen- und Immobilienmanagement in der Wirtschaftsförderung 62
   5.2 Elemente des Flächenmanagements 64
   5.3 Elemente des Immobilienmanagements 82
   Literatur 85

6 Gesamtresümee und Abschlusskontrolle 87
    6.1 Resümee 87
    6.2 Abschließende Kontroll- und Lernfragen 88

Weiterführende Literatur 97

Abbildungsverzeichnis

Abb. 2.1	Management-Regelkreis	7
Abb. 2.2	Bestandteile der Standortanalyse nach Thierstein (1999) – ergänzt durch die Autoren	12
Abb. 2.3	Beispielhafte SWOT-Matrix	15
Abb. 3.1	Checkliste 1	28
Abb. 3.2	Checkliste 2	29
Abb. 3.3	Existenzgründerportal des BMWi 2015, Standort	30
Abb. 3.4	Investitions- und Strukturbank Rheinland-Pfalz-Standortfinder Standortfinder RLP (1)	31
Abb. 3.5	Investitions- und Strukturbank Rheinland-Pfalz-Standortfinder RLP (2)	32
Abb. 3.6	Investieren in Sachsen-Karte	32
Abb. 4.1	Mindmap 1-Infrastrukur, Gabler Wirtschaftslexikon, Stichwort Infrastruktur, 2016a	43
Abb. 4.2	Mindmap 2-Infrastrukturpolitik, Gabler Wirtschaftslexikon, Stichwort Infrastrukturpolitik, 2016b	44
Abb. 4.3	„Collage mit Zeitungsüberschriften aus dieser Zeit, die die Dringlichkeit einer aktiven Strukturpolitik unterstreichen" Heinze et al. (1996, S. 18)	45
Abb. 4.4	Anlage „Eckpunkte nordrhein-westfälischer Strukturpolitik" (Heinze et al. 1996, S. 41)	46
Abb. 4.5	Mindmap 3-Management, Gabler Wirtschaftslexikon, Stichwort Management, 2016c	47
Abb. 4.6	Mindmap-Positionierung im Feld der Infrastruktur	48
Abb. 4.7	Wettbewerbsfähigkeit nach Stimson et al. (2006, S. 290)	51
Abb. 4.8	„Flyer Wirtschaftsförderung Siegen"	53
Abb. 4.9	Modell eines regionalen Wirtschaftsentwicklungsprozesses	54
Abb. 4.10	Rahmen für nachhaltige Regionalentwicklung Stimson et al. (2006, S. 86)	56

Abb. 4.11	Gesamtrahmen für die Verwendung von Best Practice für Regionalentwicklung Stimson et al. (2006, S. 88)	56
Abb. 4.12	Integrierter Regionalentwicklungsplan vgl. Stimson et al. (2006, S. 95)	57
Abb. 4.13	Strategische Architektur vgl. Stimson et al. (2006, S. 232)	58
Abb. 5.1	Interdisziplinäre Handlungsfelder	64
Abb. 5.2	Pull-Faktoren bei der Neuansiedlung (in Prozent), Dallmann und Richter 2012, S. 37	65
Abb. 5.3	Gewerbeflächenpotenziale nach Bock et al. (2011, S. 136)	68
Abb. 5.4	Gewerbeflächenpotenziale Bock et al. (2011, S. 136)	69
Abb. 5.5	„Beispiel für mögliche Inhalte einer Datenbank (Baulückenkataster)" Guhse (2005, S. 178)	70
Abb. 5.6	nach: Dallmann and Richter (2012, S. 203) und eigener Einschätzung des Autors	71
Abb. 5.7	„Kaserne Bitburg" http://www.kaserne-bitburg.de/zweckverband	72
Abb. 5.8	„Airpark Giebelstadt" http://airpark-giebelstadt.bundesimmobilien.de	73
Abb. 5.9	„Konversion in Hanau" http://konversion-hanau.bundesimmobilien.de	74

Tabellenverzeichnis

Tab. 2.1 Visualisierung des Standortmanagements, eigene Darstellung mit teilweiser Anlehnung an die Basis der Ausführungen von Thierstein (1999, S. 6 f.) 20

Tab. 4.1 Tabellen „Positionsbestimmung" 49

Tab. 5.1 Beispiel für mögliche Inhalte einer Datenbank (Baulückenkataster) Guhse (2005, S. 178) 73

Tab. 5.2 Flächenreserven und Industriebrachen nach Dallmann und Richter (2012, S. 203) und eigener Einschätzung der Autoren 74

Einführung 1

1.1 Problemhintergrund und Aktualität

Der aus dem englischen Sprachraum stammende Begriff „Management" lässt sich mit einer Handhabung von Aufgaben und Abläufen umschreiben. Oftmals wird der Begriff in Beziehung zu Großunternehmen gebracht, deren Leiter, oder Manager, die jeweiligen Unternehmen steuern. Daneben wird das Managen aber auch in Beziehung zu (Wirtschafts-) Räumen, wie beispielsweise City oder Region gesetzt. Eine weitere räumliche Ausrichtung erfährt der Begriff mit dem Standortmanagement.

Doch lassen sich Standorte in westlichen Industriestaaten überhaupt managen? Was sind die Grundlagen des Standortmanagements und welche Beziehung nimmt dieses gegenüber der Standortentwicklung ein? Welche Rolle spielt die (kommunale) Wirtschaftsförderung bei dem Standortmanagement und welche Wechselwirkungen gibt es zwischen den Standortgegebenheiten und der Wirtschaftsentwicklung am jeweiligen Standort?

Über welche Möglichkeiten der Einflussnahme verfügen (kommunale) Wirtschaftsförderungseinrichtungen hinsichtlich der Gestaltung von Standortfaktoren und der aktiven Vermarktung (kommunaler) Flächen und Gebäude?

Wie lassen sich durch intelligentes Managen und Kommunizieren von Standortfaktoren, Infrastruktur, Flächen und Immobilien die Stärken des jeweiligen Standortes weiter entfalten und so die Wettbewerbsfähigkeit erhalten oder aber steigern?

1.2 Ziele des Moduls und Ausrichtung

Die Studierenden sollen innerhalb des Moduls die Grundlagen des Standortmanagements kennenlernen und befähigt werden, die Wechselwirkungen zwischen Standortgegebenheiten und Wirtschaftsentwicklung darzustellen und auf der Basis eines Standortprofils die

Realisierung von geeigneten Handlungsmöglichkeiten für die Wirtschaftsförderung aufzuzeigen.

Im Feld der Standortfaktoren geht es darum, Standortgegebenheiten für einen Wirtschaftsstandort bewerten und so eine Positionsbestimmung vornehmen zu können. Die Relevanz und Möglichkeiten der Gestaltung von Rahmenbedingungen für eine praxisorientierte und effektive Form der Wirtschaftsförderung vor Ort sollen dabei aufgezeigt werden.

Auf der Basis definierter Standortgegebenheiten sind Defizite und Lösungsmöglichkeiten zu beschreiben. Die Möglichkeiten der Wirtschaftsförderung im Feld der Infrastrukturentwicklung müssen definiert werden können. Der eigene Handlungsrahmen muss beschrieben werden können im Abgleich mit den Notwendigkeiten für die Umsetzung von Infrastrukturprojekten.

Im Feld Flächen- und Immobilienentwicklung werden Grundlagen für eine eigenständige Betreuung oder Realisierung von einzelnen infrastrukturellen Projekten erarbeitet, die eine eigenständige Umsetzung ermöglichen sollen. Dabei werden die entsprechenden Bereiche sowohl theoretisch als auch praktisch bearbeitet. Die Studierenden sollen befähigt werden, eigenständig entsprechende Fragestellungen des Standortmanagements zu erkennen, Lösungen zu erarbeiten und in eine Strategie einzubinden, um Projekte und Maßnahmen im Rahmen der vorhandenen wie auch perspektivischer Möglichkeiten im politischen Raum umsetzen zu können.

1.3   Strukturierungen

Die vorliegende Arbeit ist in die vier Hauptkapitel Standortmanagement und Standortentwicklung, Standortfaktoren für Unternehmen, Infrastrukturmanagement und schließlich Flächen- und Immobilienmanagement unterteilt.

Dabei werden die vorgestellten Themen immer wieder in Beziehung zueinander gestellt und vor dem Hintergrund eines ganzheitlich ausgerichteten Standortmanagements analysiert.

1.4   Literatur- und Materialüberblick

Die Arbeit orientiert sich bei der Betrachtung einer regionalorientierten Herangehensweise von Standortmanagement an den Ausführungen Thiersteins und bei der unternehmensorientierten Betrachtung beispielsweise an Bienert. Weiterhin befindet sich im Literaturverzeichnis eine Vielzahl von Standortfaktoren beschreibender und analysierender Literatur. Exemplarisch sei hier Garbow genannt.

Bezüglich Infrastrukturmanagement stellt Stimson et al. die Hauptliteratur dar und wird im letzten Teil ergänzt durch Dallmann und Richter. Guhse rundet mit ihren praktischen Empfehlungen für Institutionen und Akteure den Bereich der Wirtschaftsförderung ab.

1.5 Theoretischer Zugang

Obgleich der Begriff „Standortmanagement" gerade Mitarbeiterinnen und Mitarbeitern kommunaler Wirtschaftsförderungseinrichtungen in ihrer täglichen Arbeit oftmals begegnet, fehlt doch meist eine konkrete Vorstellung über die Inhalte und die Instrumente des Standortmanagements.

Die Vielschichtigkeit des Begriffs zeigt sich bereits darin, dass er je nach Perspektive sehr unterschiedliche Objekte zum Gegenstand haben kann. Mal gilt es den einzelnen Betrieb „zu managen" und mal einen größeren Wirtschaftsraum, der vom Gewerbegebiet bis zu Staaten oder sogar Zusammenschlüsse verschiedener Staaten reichen kann.

An dieser Stelle erscheint es ratsam, „quasi einen Schritt nach hinten zu treten" und das Standortmanagement einer umfassenderen Sichtweise zuzuführen, die neben dem In-Beziehung-Setzen von Standortmanagement, Standortentwicklung und Wirtschaftsförderung auch die Standortfaktoren, sowie das Infrastruktur-, Flächen- und Immobilienmanagement behandelt.

Obgleich inhaltlich nahe stehend, wurde auf eine breitere Beschäftigung mit dem „Standortmarketing" bewusst verzichtet, da diese Thematik Gegenstand eines eigenständigen Moduls des berufsbegleitenden Weiterbildungsstudiengangs „Master Wirtschaftsförderung" im Bundesprojekt „Offene Hochschule Harz" ist.

1.6 Lernziele

Die Studierenden sollen ein fundiertes und nachhaltiges Wissen zu dem Standortmanagement erlangen. Dabei sollen die unterschiedlichen Perspektiven von Standortmanagement beleuchtet und in Beziehung zueinander gebracht werden. Die Fertigkeiten zur Analyse von Wirtschaftsräumen sollen durch die Vorstellung zahlreicher darauf abstellender Instrumente vermittelt werden. Ebenso werden Standortfaktoren, Flächen- und Immobilienmanagement vorgestellt und in Beziehung zur tagtäglichen Arbeit von Wirtschaftsfördererinnen und Wirtschaftsförderern gestellt.

Standortmanagement und Standortentwicklung

2

> **Zusammenfassung** Die Notwendigkeit zum Managen und zum Entwickeln von Standorten ergibt sich insbesondere aus dem Wettbewerb der Standorte untereinander. Es gilt durch intelligentes Agieren zusätzliche Wettbewerbsvorteile für den jeweiligen Standort zu generieren. Das Standortmanagement umfasst die Standortanalyse und das Controlling der bisherigen Maßnahmen, die Standortvision, die Strategie- und Standortentwicklung sowie die Standortmaßnahmen und Leistungsangebote. Zu den Analyseinstrumenten gehören die Sozialstrukturanalyse, die Wirtschaftsstrukturanalyse, die SWOT-Analyse und die STEEP-Analyse. Die kommunale Wirtschaftsförderung ist ein zentraler Akteur für die erfolgreiche Umsetzung von Standortmanagement und Standortentwicklung.

Lernziele
Die Studierenden sollen ein Verständnis für die Beziehung von Standortmanagement und Standortentwicklung erhalten. Zunächst sollen dazu die Antriebskräfte eines Wettbewerbs im Wirtschaftsleben nachgezeichnet und analysiert werden. Daneben erhalten die Studierenden einen Einblick in verschiedene Instrumente, die für die Erforschung, Beschreibung und Entwicklung von Standorten geeignet sind. Zudem soll ein Verständnis dafür geschaffen werden, wie sich Wirtschaftsräume durch Visionen, Strategien und Maßnahmen und deren Controlling aktiv und kreativ steuern lassen.

2.1 Prolog: Standortwettbewerb

Die globale Wirtschaft kennt eine Vielzahl von Konkurrenzbeziehungen. So konkurrieren Unternehmen mit anderen Unternehmen beispielsweise um Kunden und kompetente und qualifizierte Arbeitskräfte. Arbeitskräfte stehen im Wettbewerb mit anderen Arbeitskräften um sichere, gut dotierte und perspektivenreiche Arbeitsstellen.

Auch auf den im Folgenden noch näher zu beschreibenden sechs raumbezogenen Aggregatsebenen eines Standorts gibt es diese Konkurrenzbeziehungen. Die jeweiligen Standorte konkurrieren u. a. um die besten und vielversprechendsten Unternehmen und die qualifiziertesten Arbeitskräfte. Als vielversprechend können dabei Unternehmen gelten, die einer möglichst großen Zahl von Beschäftigten hohe Löhne zahlen, großen Wert auf Weiterbildung und Wissenszuwachs ihrer Belegschaften legen und voraussichtlich beträchtliche Summen an Steuergeldern in die Kassen der jeweiligen Gebietskörperschaft bringen. Dabei sollten diese Unternehmen so gut am Markt positioniert sein, dass ihre Geschäftsmodelle über Jahre hinaus funktionieren, sie also ihrerseits wettbewerbsfähig sind. Weitere positive Impulse für die lokalen bzw. regionalen Ökonomien, beispielsweise eine aktive Mitarbeit in Wirtschaftsnetzwerken, aktive Beteiligung an regionalen Ausbildungsverbünden, finanzielle Bezuschussung lokaler Projekte etc. könnten die Attraktivität der Ansiedlung weiter erhöhen.

Vor diesem Hintergrund bringt Rehfeld die erfolgreichen Ansiedlungen in Beziehung zu einem Glücksspiel, bei welchem die unterschiedlichsten Preise den Mitspielern winken: „Kassel gewinnt Volkswagen, Saarbrücken Ford, Kaiserslautern und Bochum Opel/GM und Regensburg BMW" (Rehfeld 2006, S. 53). Der Wert und die Nachhaltigkeit dieser „Hauptgewinne" wird oft erst nach einiger Zeit sichtbar, wenn sich beispielsweise die Werkstore für immer schließen oder aber das Werk mit zusätzlichen Flächen, Mitarbeitern und Innovationen die Gewinne erhöht und sich als Cash-Cow für den Standort erweist.

Die strukturelle Herausforderung besteht darin, dass die Zahl der bundesdeutschen Kommunen, die gerne „das attraktive Unternehmen" möchten, weiteraus größer ist als die Zahl der von Rehfeld beschriebenen Hauptgewinne. In einer globalen Welt mit ihren immer weiter voranschreitenden Verflechtungen von Kunden, Lieferanten, Finanzmärkten, Produktionsstätten, Vermarktungsspezialisten und Distributionsanbietern treten aber auch immer mehr potenzielle Wirtschaftsstandorte in eine Konkurrenz- bzw. Wettbewerbsbeziehung um die vielversprechendsten Unternehmen.

Standortwettbewerb wird auf mindestens drei Ebenen ausgetragen:

- „Zwischen den Unternehmen, die mit ihren Produkten im Wettbewerb der Gütermärkte der Welt stehen.
- Zwischen Länder und Staaten, die auf internationalen Faktormärkten um die mobilen Produktionsfaktoren Kapital, technisches Wissen und qualifizierte Arbeitskräfte (Humankapital) konkurrieren.
- Zwischen den immobilen Produktionsfaktoren wie den geringer qualifizierten Arbeitskräften, die im Wettbewerb um komplementäre Produktionsfaktoren wie Sachkapital und hoch qualifizierte Arbeitskräfte stehen" (Eckey 2008, S. 15).

2.1 Prolog: Standortwettbewerb

Obgleich die dargelegten Ausführungen Eckeys Standorte wie Städte und Regionen nicht explizit ansprechen, lassen diese sich jedoch analog dazu der zweiten Ebene zuordnen.

Exkurs: Voraussetzungen für ein zielführendes Steuern
Vorbemerkungen: Größe und Organisationsform eines Standortes haben Einfluss auf dessen Charakteristik und „Steuerungspotenzial bzw. Steuerungsfähigkeit". Die Möglichkeiten der Steuerung dürften bei größeren Standorten tendenziell schwieriger sein als bei kleinen Standorten mit einer überschaubaren Zahl von relevanten Standortvariablen bzw. Standortfaktoren. Die Standortentwicklung eines Dorfes unterliegt anderen Herausforderungen als die einer Kleinstadt, eines Landkreises, einer Großstadt, einer Metropolregion, Megacity oder eines Staates.

Gleichwohl bedarf es zu dem Steuern, Entwickeln oder Voranbringen eines Standortes einer adäquaten Information und Kommunikation der in den Steuerungsprozess involvierten Akteure. Erst ein breites Wissen über den Gegenstand der Steuerung und dessen Umwelt bildet die Basis für sinnvolle Steuerung.

Mit anderen Worten: Notwendige standortrelevante Informationen und eine ausgeprägte Kommunikation der involvierten Akteure bieten zwar keine Garantie für eine erfolgreiche Standortentwicklung, wohl aber eine gute Voraussetzung dazu.

Zur Visualisierung der Steuerungsprozesse soll dabei auf den Management-Regelkreis zurückgegriffen werden (vgl. Abb. 2.1).

Der Management-Regelkreis beschreibt die Basisfunktionen des Managements bestehend aus dem Setzen von Zielen, planen, entscheiden, realisieren und kontrollieren. Die Darstellung der Aufgaben erfolgt kreisförmig entgegen dem Uhrzeigersinn. Die Funktionen denken/informieren werden in der Kreismitte verortet. Nach Abschluss eines Kreiszyklus kann der Regelkreis in einen neuen Zyklus eintreten.

Abb. 2.1 Management-Regelkreis

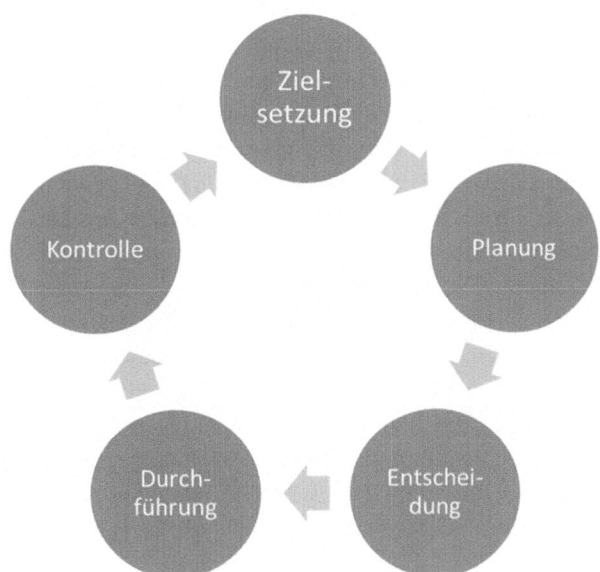

2.2 Standort

Ein Standort ist ein bestimmter Punkt im Raum. Hinsichtlich Größe, Lage, Topografie, räumlichem Umfeld etc. ist der Begriff ohne weitere Zusätze oder Erklärungen zunächst wenig instruktiv. Sind weitere Kenntnisse der Standorteigenschaften nicht vorhanden, ist eine Charakterisierung des Standortes, also beispielsweise eine Beschreibung der ökonomischen Beschaffenheit, Infrastruktur oder Dichte nicht möglich. Den Begriff gilt es folglich zunächst zu konkretisieren und eine Fokussierung auf seine wirtschaftsgeografische Relevanz vorzunehmen.

Der Duden kennt für den Begriff „Standort" die folgenden drei Erklärungen:

▶ **Stanort**

1. „[…]Ort, Punkt, an dem jemand, etwas steht, sich befindet
2. (Militär) Ort, in dem Truppenteile, militärische Dienststellen, Einrichtungen und Anlagen ständig untergebracht sind; Garnison
3. (Wirtschaft) geografischer Ort, Raum (z. B. Stadt, Region, Land), wo oder von wo aus eine bestimmte wirtschaftliche Aktivität stattfindet" (Duden 2016b)

Die beiden ersten Definitionen sind für die weiteren Ausführungen nicht zielführend und sollen daher nicht weiter vertieft werden. Die dritte Definition, die auf eine raumbezogene ökonomische Aktivität oder Handlung abstellt, ist dagegen bereits recht hilfreich.

Eine weitere Konkretisierung findet der Terminus in der regionalökonomischen Fachliteratur, beispielsweise bei Eckey: „Als Standort bezeichnet man in der Regionalökonomie eine vom Menschen für bestimmte Nutzungen, insbesondere die Produktion von Gütern und Dienstleistungen ausgewählten Raumpunkt" (Eckey 2008, S. 15).

Schnurrenberger macht darauf aufmerksam, dass sich „soziales Geschehen", also beispielsweise soziales Handeln und Interaktionen nicht im „luftleeren Raum" vollziehen lassen, sondern jeweils in Raum und Zeit eingebettet sind (vgl. Schnurrenberger 2000, S. 11). Raum kann den Ablauf sozialer Interaktion und sozialer Organisation nicht determinieren, wohl aber (vor)strukturieren (vgl. Hamm und Neumann 1996, S. 52). „Raum ist immer sozial „konstruiert", mit spezifischen Bedeutungen, Aneignungs- und Eigentumsformen, Bedeutungen und Funktionen versehen. Er ist Teil der (…) ‚Definition der Situation'" (Schäfers 2003, S. 31). Soll über ein soziales Handeln von Menschen, gleichgültig ob beispielsweise geschäftlich oder privat, innerhalb einer sozialen Hierarchie oder unter Gleichrangigen, in oder außerhalb einer Organisation, innerhalb einer Großgruppe oder aber einer Paarbeziehung berichtet werden, wird man bei einer Beschreibung derselben niemals den Raum außer Betracht lassen können.

Die Bildung raumbezogener Einheiten, deren Abgrenzung und Überführung in Rangordnungen erscheint grundsätzlich instruktiv, stößt aber gerade auf der Ebene der rein deskriptiven Beschreibung auf methodische Herausforderungen.

2.2 Standort

Die von Schnurrenberger vorgelegten sechs Agglomerationsebenen sollen im Folgenden kurz Erwähnung finden:

1. „Intrakommunale Standorte (…)
2. Kommunen und Städte (…)
3. Subregionen (…)
4. Regionen (…)
5. Staaten (…)
6. Zusammenschlüsse verschiedener Staaten" (Schnurrenberger 2000, 14 f.).

Selbstverständlich ist der Intrakommunale Standort, also der Standort innerhalb der Kommune nicht die kleinste Einheit. Vielmehr gliedert sich die Kategorie in zahlreiche räumliche Untereinheiten.

„Die kleinste intrakommunale Einheit bietet hierbei die einzelne Immobilie, die als Gewerbestandort in Frage kommt (…)." (Schnurrenberger 2000, S. 14).

Es folgt das Quartier, bestehend aus mehreren Straßen, die eine bestimmte Bindung bzw. Beziehung zueinander aufweisen. Gleichzeitig lassen sich auf der „Quartiersebene" ökonomische Einheiten wie Gewerbe- oder Industriegebiete verorten. Die größte intrakommunale Einheit bilden die Orts- oder Stadtteile. Die drei beschrieben Ebenen Immobile, Quartier sowie Orts- bzw. Stadtteil werden von Schnurrenberger (2000, S. 14) als Subebenen bezeichnet.

Aus Gründen der Übersichtlichkeit soll auch bei der auf der dritten Aggregationsebene angesiedelten räumlichen Einheit „Subregion" der von Schnurrenberger gewählten Eingrenzung gefolgt werden. Demnach beinhaltet die Subregion jeweils einem Bundesland angehörende Kreise und Regierungsbezirke sowie Zusammenschlüsse von Gebietskörperschaften von (Land)kreisen und Kommunen (vgl. Schnurrenberger 2000, S. 14).

Zurück zum ökonomisch ausgerichteten, auf die Erstellung von Gütern und Dienstleistungen ausgerichteten Raum, der unter dem Terminus „Standort" unser Interesse geweckt hat und der die Kulisse für vielfältige Konkurrenzbeziehungen bietet.

Hier bleibt festzuhalten, dass es für den „Standort" in der Fachliteratur recht unterschiedliche Perspektiven gibt. Während beispielsweise Bienert in seinem Werk „Standortmanagement" (1996) eine einzelbetriebsbezogene Perspektive einnimmt, betrachtet beispielsweise Thierstein (1999) den Standort mittels einer überbetrieblichen, eher regionalorientierten, jedenfalls aber organisationsaggregierten Perspektive.

Während die erste Sichtweise einen für den Unternehmenzweck möglichst günstigen Standort in den Mittelpunkt des Erkenntnisinteresses stellt, schaut die regionalbezogene Perspektive auf eine räumlich weitaus größere Agglomerationseinheit.

Für die Mitarbeiterinnen und Mitarbeiter einer kommunalen Wirtschaftsförderung gibt es daher nicht nur „den einen Wirtschaftsstandort", sondern den „Wirtschaftsstandort Unternehmen" und den „größeren Standort", der u. a. eine Vielzahl von Unternehmen beinhaltet. Beide Wirtschaftsstandorte benötigen ein jeweils spezifisches Standortmanagement.

Das vorliegende Lehrbuch beschäftigt sich vorrangig mit einer überbetrieblichen Sichtweise, die aber durch einige „Ausflüge" in die Welt der Unternehmen ergänzt werden soll.

2.3 Standortmanagement und Standortentwicklung

Der Terminus „Management" erfreut sich größter Beliebtheit. Die Suchmaschine Google hielt Anfang September 2015 dafür „ungefähr 2.440.000.000 Ergebnisse" bereit.

▶ **Management** Der Duden stellt bei einer seiner Erklärungen auf die Funktion ab, wenn er Management als die „Leitung, Führung eines Großunternehmens o. Ä., die Planung, Grundsatzentscheidungen und Erteilung von Anweisungen umfasst" definiert (Duden 2016a).

Daneben versteht er unter Management u. a. auch die „(…) Führungskräfte in einem Großunternehmen."

Diesen funktionsspezifischen Blick auf das Management teilt auch das Gabler Wirtschaftslexikon:

„II. Management als Funktion":
Tätigkeiten, die von Führungskräften in allen Bereichen der Unternehmung (Personalwirtschaft, Beschaffung, Absatz, Verwaltung, Finanzierung etc.) in Erfüllung ihrer Führungsaufgabe (Führung) zu erbringen sind. Häufig wird hier zwischen Plan, Realisierung und Kontrolle differenziert.

a) „Zur Planung zählen die Problem- und Aufgabendefinition, die Zielsetzung, die Alternativenplanung und die Entscheidung.
b) Die Realisierung umfasst die Organisation, die Information, Kommunikation, Motivation der Mitarbeiter und deren Koordination.
c) Die Kontrolle besteht aus Rückmeldung, Soll-/Istvergleich für die weitere Planung und Steuerung. In der Fachliteratur finden sich vielfältige ähnlich strukturierte Phasenabfolgen" (Gabler Wirtschaftslexikon, Stichwort Management, 2016a).

Neben dieser funktionsspezifischen Ausrichtung kennt das Wirtschaftslexikon Management als Institution und Methode.

Es wird deutlich, dass die vorgestellten Definitionen Unternehmen zum Gegenstand des „Managens" machen. Die vielen raumbezogenen Managementbezeichnungen, wie beispielsweise Standortmanagement, Regionalmanagement, Citymanagement oder Schutzgebietsmanagement kennen jedoch nicht das jeweilige Unternehmen als Handlungs- und Bezugsrahmen.

Um den Begriff des Standortmanagements mit Leben erfüllen zu können, erscheint als unabdingbar die Unternehmensfixierung hinter sich zu lassen und einen hinsichtlich Größe, Lage, Dichte und Infrastruktur flexiblen Standortbegriff und dessen Management

2.3 Standortmanagement und Standortentwicklung

zu wählen. Zum besseren Verständnis wollen wir uns zunächst jedoch den Voraussetzungen des Managens und Steuerns von Standorten zuwenden.

Grundsätzlich lässt sich Standortmanagement auch aus der Perspektive eines einzelnen Unternehmens betrachten. Eine solche Fokussierung nimmt beispielsweise Bienert mit seinem Werk „Standortmanagement: Methoden und Konzepte für Handels- und Dienstleistungsunternehmen" ein.

Kommen wir nun zu einer Definition von Standortmanagement. Nach Thierstein (1999, 7) umschließt Standortmanagement „(...) die Raum- und Regionalentwicklung im umfassenden Sinne." Dabei kommt es auf den drei folgenden Ebenen zur Anwendung:

- „Standortmanagement muss sich auf der normativen Ebene um eine Vision für die Region kümmern.
- Auf der strategischen Ebene geht es um die Strategieentwicklung: die relevanten langfristigen Zielpfade oder Prozesse müssen ‚modelliert' werden; mit anderen Worten soll die zentrale Stossrichtung der regionalen Entwicklung erarbeitet werden.
- Die operative Ebene des Standortmarketings steht für Systementwicklung: Hier stellt sich die Frage nach den konkreten Massnahmen, die zu treffen und nach den Leistungsangeboten, die zu erbringen sind" (Thierstein 1999, 6 f.).

Dabei können die Leistungen auch das Gemeinschaftswerk von öffentlicher Hand und Privatwirtschaft sein. Auch schließt das Standortmanagement für Thierstein (1999, S. 7) eine Reflexion zu adäquaten Organisationsformen, eine dienstleistungsorientierte Fokussierung und entsprechender Bewertungs- und Kommunikationsinstrumente mit ein.

2.3.1 Bestandteile des Standortmanagements

Um jedoch eine fundierte Basis für das jeweilige Standortmanagement zu erhalten soll im Folgenden mit der Standortanalyse ein weiterer Bestandteil eines erweiterten Standortmanagements herangezogen werden.

Dies gilt es mittels des Schaubilds in Abb. 2.2 zu verdeutlichen.

2.3.1.1 Standortanalyse

Stellen wir uns zunächst einen Standort vor, für den keine relevanten Daten und Informationen zu Verfügung stünden. Es wäre kaum möglich für diese „terra incognita" nach passenden Entwicklungsstrategien Ausschau zu halten. Selbstverständlich werden wir in der heutigen Bundesrepublik Deutschland und ihren spezifischen Standorten keine vollständigen „terra incognita" finden. Je nach Fragestellung und thematischer Ausrichtung wird es aber für den jeweiligen Standort doch eine Vielzahl weißer Flecken geben, die es jeweils aufzuarbeiten gilt.

Zum Aufbau eigener Datenpools empfiehlt es sich zunächst sich der „konventionellen Datenlieferanten" zu bedienen. Dazu zählen neben den Statistischen Ämtern auch die Bundesagentur für Arbeit, die Industrie und Handelskammern sowie die jeweiligen Kommunen. Anbei eine kleine Auswahl zentraler Bezugsquellen von Standortdaten:

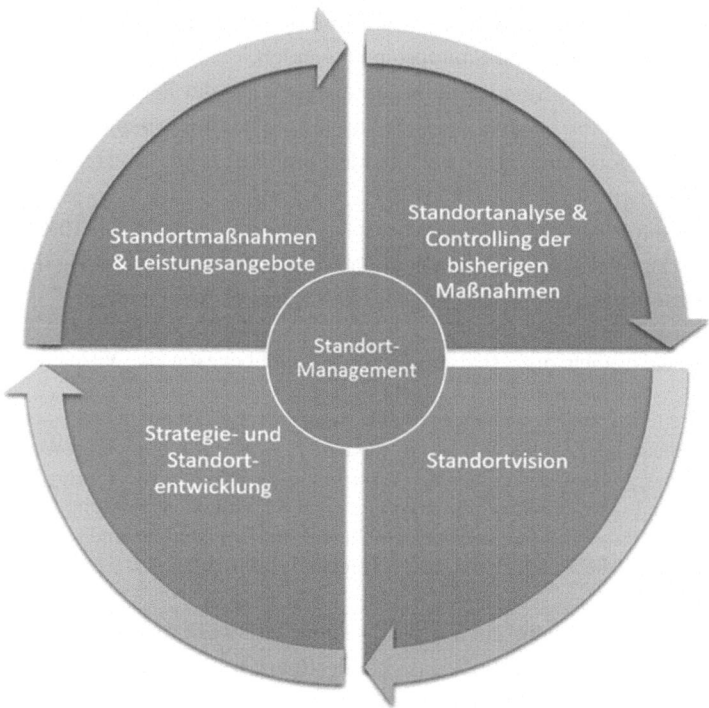

Abb. 2.2 Bestandteile der Standortanalyse nach Thierstein (1999) – ergänzt durch die Autoren

Bezugsquellen

- Eurostat
  http://ec.europa.eu/eurostat/de
- Statistisches Bundesamt BRD
  https://www.destatis.de/DE/Startseite.html
- Bundesamt für Statistik, Schweiz
  http://www.bfs.admin.ch/bfs/portal/de/tools/kontakt.html
- STATISTIK AUSTRIA Bundesanstalt Statistik Österreich
  http://www.statistik.at/web_de/statistiken/index.html
- National Bureau of Statistics (USA)
  http://www.uaestatistics.gov.ae/EnglishHome/tabid/96/Default.aspx
- Office for National Statistics (ONS)
  https://www.ons.gov.uk/
- Statistische Landesämter (BRD), z. B. Sachsen-Anhalt
  http://www.stala.sachsen-anhalt.de/
- Bundesagentur für Arbeit

> http://statistik.arbeitsagentur.de/
> - IHKs, z. B. Köln
>   http://www.ihk-koeln.de/Statis_Strukturdaten.AxCMS?ActiveID=1708-
> - Städte, z. B. Düsseldorf
>   http://www.duesseldorf.de/de/

Darüber hinaus bieten kommerzielle Anbieter wie beispielsweise die GFK SE in Nürnberg, das Institut für Demoskopie Allensbach oder forsa Gesellschaft für Sozialforschung und statistische Analysen mbH gegen Entgelt eine Vielzahl von Daten. Ebenso verfügen Fachverlage und (Fach-)zeitschriften, ebenso wie Hochschulen, teilweise über interessante Standortdaten.

Kommunale Wirtschaftsförderungseinrichtungen sind dabei gut beraten, sich beispielsweise auf Basis der beigefügten Datenquellen eigene Datenverzeichnisse aufzubauen. Ebenso sollten die einschlägigen Städte- und Regionalrankings dokumentiert und ausgewertet werden. Zahlreiche Industrie- und Handelskammern bieten ihren Mitgliedern zudem die Möglichkeit das regionale Umfeld und teilweise auch das Wirken der Verwaltungen und kommunalen Wirtschaftsförderungseinrichtungen zu bewerten. Auch diese Reporte sollten von den kommunalen Wirtschaftsförderungseinrichtungen gesammelt, analysiert und dokumentiert werden.

Um die spezifische Charakteristik eines Standortes, beispielsweise einer Region, eines Landkreises oder einer Stadt herauszuarbeiten, um darauf aufbauend Visionen, Strategien und Handlungen einzuleiten, sollen im folgenden einzelne Methoden kurz Erwähnung finden.

2.3.1.1.1 Sozialstrukturanalyse

▶ **Sozialstruktur** Rainer Geißler definiert Sozialstruktur wie folgt: „Auf einer abstrakt-formalen Ebene umfasst Sozialstruktur die Wirkungszusammenhänge in einer mehrdimensionalen Gliederung der Gesamtgesellschaft in unterschiedliche Gruppen nach wichtigen sozial relevanten Merkmalen sowie in den relativ dauerhaften sozialen Beziehungen dieser Gruppen untereinander. Mit sozial relevanten Merkmalen sind Wirkfaktoren wie z. B. Beruf, Qualifikation oder Geschlecht gemeint, die das soziale Handeln dieser Gruppe sowie deren Position in gesellschaftlichen Teilbereichen (z. B. Schichtstruktur, Bildungssystem), in Institutionen (z. B. Familien, Betrieb) und sozialen Netzwerken beeinflussen" (Geißler 2002, S. 21).

Im Zuge einer Analyse des Standortes, z. B. Region oder Stadt, kann eine Analyse der Strukturdaten ein erstes Medium sein, um die Charakteristik des Standortes zu erfassen und zu einem Ausgangspunkt für alle weiteren Überlegungen zu den Möglichkeiten aber auch Begrenzungen zukünftigen Standortentwicklung- und Standortmodernisierung zu machen.

Mittels der Analyse der Sozialstruktur „(…) werden die untersuchten Phänomene in ihre Elemente und Teilbereiche zerlegt, um anschließend die Wechselbeziehungen und Wirkungszusammenhänge zwischen den jeweiligen Strukturdaten zu betrachten" Sozialstrukturanalyse (2016a).

Zu den Strukturvariablen gehören beispielsweise Anzahl, Alter, Geschlecht, die Lebenserwartung und Wanderungsbewegungen der Bevölkerung, ebenso wie Lebens- und Haushaltsformen, Haushaltsgrößen sowie Bildung, Beschäftigung bzw. Arbeitslosigkeit, Berufsstruktur, Einkommen usw.

Dabei kann das Auftreten der jeweiligen Variablen im Zeitverlauf betrachtet werden (Zeitreihenanalyse) und/oder ist ein Vergleich zwischen mehreren Teilräumen wie Region, Landkreis oder Stadt möglich. Mit der zweiten Perspektive wird eine Positionierung der untersuchten Regionen möglich, d. h. ein direkter Vergleich mit anderen (konkurrierenden) Standorten kann erfolgen.

2.3.1.1.1.2 Wirtschaftsstrukturanalyse

Daneben erscheint eine Analyse der sektoralen Wirtschaftsstruktur im jeweiligen zu analysierenden Standort von hoher Bedeutung.

> „Unter sektoraler Wirtschaftsstruktur versteht man etwa die Anteile einzelner Sektoren (wie Verarbeitendes Gewerbe, Energie- und Wasserversorgung, Bergbau, Handel, Land- und Forstwirtschaft, öffentliche Dienstleister) am Sozialprodukt, die Verteilung der Erwerbstätigen auf Sektoren, oder die Aufteilung der Investitionen auf Sektoren." (Gabler Wirtschaftslexikon, Stichwort Wirtschaftsstruktur, 2016b).
>
> So ist es beispielsweise von Interesse, ob und wie der Strukturwandel von dem sekundären zu dem tertiären Sektor vonstattenging. Gibt es in der zu untersuchenden Region noch eine „traditionelle" Verteilung der Sektoren, mit einer Konzentration auf Industrie oder gar Landwirtschaft oder ist der Dienstleistungssektor zur dominanten Größte geworden? Verfügt der Wirtschaftsraum über klare Branchenkonzentrationen oder handelt es sich um eine breit diversifizierte Ökonomie? Gibt es einen intensiven kleinräumigen Waren- und/oder Dienstleistungsaustausch der regionalen Wirtschaftsakteure oder unterhalten diese primäre überregionale Wirtschaftsbeziehungen?

Diese wenigen Fragen mögen einen ersten Eindruck bezüglich der möglichen Vielfalt von Wirtschaftsräumen liefern.

Auch hier sind die Belegschaften (kommunaler) Wirtschaftsförderungseinrichtungen gut beraten, wenn sie sich regelmäßig mit der „Komposition" „ihrer" Wirtschaftsräume beschäftigen und die Inhalte auch regelmäßig mittels Vorträge und anderen Kommunikationsformen vermitteln.

2.3.1.1.1.3 SWOT-Analyse

Neben einer Analyse von Unternehmen ist die sogenannte SWOT-Analyse auch für die Beurteilung von Standorten wie Städten oder Regionen einsetzbar. Das Analysewerkzeug weist vier Flächen auf, die jeweils mit einem bestimmten Begriff versehen sind. Es handelt sich dabei um Strengths (Stärken), Weaknesses (Schwächen), Opportunities (Chancen) und Threats (Gefahren) (vgl. Abb. 2.3).

2.3 Standortmanagement und Standortentwicklung

SWOT-Analyse		Interne Analsye	
		Stärken (Strength)	Schwächen (Weaknesses)
Externe Analyse	Chancen (Oppurtunities)	S-O-Strategien:	W-O-Strategien:
	Gefahren (Threats)	S-T-Strategie:	W-T-Strategie:

Abb. 2.3 Beispielhafte SWOT-Matrix

Die Stärken und Schwächen sollen sich dabei auf die internen Gegebenheiten beziehen, welche von den Akteuren vor Ort grundsätzlich beeinflussbar sind. Hingegen kommen die Chancen und Gefahren von außen, es handelt sich folglich um eine Analyse der externen Faktoren.

Die gesamte SWOT-Analyse verknüpft die internen und die externen Faktoren und liefert so ein recht breites Bild des zu untersuchenden Standortes. Die Analyse bietet die Chance, eine vorstrukturierte Basis für die weitere Ausrichtung des Standortes zu erhalten.

Obgleich das hier eingesetzte Analysewerkzeug oftmals nur eine erste Einschätzung bezüglich der Standortstruktur geben wird, gibt sie den an regionalen Modernisierungsprozessen beteiligten Akteuren doch Struktur und Rahmen vor, um so weiterführende Diskussionen und Analysen zu initiieren und durchzuführen. „Daher lässt sich sagen, dass die Funktion von strategischen Fragestellungen darin liegt, sich von der Beliebigkeit von Entwicklungsrichtungen zu verabschieden und Fokussierungen zu treffen" (Lernende Regionen 2016).

Die im Weiteren beschriebene Vorgehensweise orientiert sich teilweise an den Ausführungen von Leo Baumfeld (2016).

Entwicklung einer Vision
Zunächst erstellen die an der Analyse beteiligten Personen ein Bild davon, wie der zu analysierende Standort zukünftig aussehen sollte. Obgleich keine abschließende Aussage über das zukünftige Aussehen des Standortes gemacht werden muss, sollte doch die Idee einer zukünftigen Entwicklung des Standortes entwickelt werden.

Analyse der internen Faktoren
Die Analyse kann auch durch Arbeitsgruppen, beispielsweise unter Mithilfe eines externen Moderators erfolgen. Anschließend erfolgt die Dokumentation der Ergebnisse in den dafür vorbereiteten Matrixfeldern.

Analyse der externen Faktoren
Ermittlung und Niederschrift der nicht beinflussbaren externen Chancen und Gefahren.

„Kombinieren
Nun kann bereits eine erste Ableitung getroffen werden in dem die vier Elemente kombiniert werden. Dabei wird versucht, den Nutzen aus Stärken und Chancen zu maximieren, und die Verluste aus Schwächen und Gefahren zu minimieren" (Lernende Regionen 2016).
   Wird die Analyse in einer Gruppe durchgeführt, erhalten die involvierten Akteure zunächst eine spezifische Sichtweise auf den zu modernisierenden Standort. Die zunächst nicht oder kaum gestaltbare Umwelt beginnt im Geiste der Modernisierungsakteure ihre Gestalt zu wechseln. Neben dieser Sensibilisierung für den Standort fließen Kompetenz und Kreativität zahlreicher Akteure in die Möglichkeiten einer zukünftigen Veränderung.

2.3.1.1.4 STEEP-Analyse
Anders als die SWOP-Analyse wendet sich STEEP-Analyse aus einer Außenperspektive einer systematischen Analyse des jeweiligen Standortes zu.
   STEEP steht für Sociological (sozio-kulturell), Technological (technologisch), Economic (ökonomisch), Environmental (ökologisch) und Political Change (politisch). Es handelt sich um eine Analyse externer Faktoren mit einem (potenziellen) Einfluss auf den Untersuchungsgegenstand, zumeist dem zu analysierenden Unternehmen. Obgleich die STEEP-Analyse oftmals für die Beurteilung der externen Unternehmensumwelt herangezogen wird, können auch räumliche Standorte wie Städte oder Regionen von diesem Instrumentarium profitieren.
   Für den Einsatz der STEEP-Analyse „(…) in der Regionalentwicklung (…) empfiehlt es sich, zu den einzelnen Bereichen (Politik, Technik, etc.) jeweils Arbeitsgruppen einzurichten, die aus regionalen AkteurInnen aber auch aus externen ExpertInnen bestehen" (Lernende Regionen 2016).

2.3.1.2 Standortvision und Leitbild
Um zu einem zukünftigen anstrebenswerten Sollzustand des Standortes zu gelangen, gilt es über den Tellerrand des bisherigen, also des Status quo hinauszudenken und eine Vision für den Standort zu entwickeln. Dabei bewegen sich die in die Findung involvierten Akteure

2.3 Standortmanagement und Standortentwicklung

regelmäßig im Spannungsfeld von Fantasielosigkeit und dem unrealistischen „Griff nach den Sternen am Himmel des Standortes". Tragen sie die „Schere in ihren Köpfen", werden sie nur schwer die Potenziale des Standortes erkennen und für die Zukunft erschließen. Ist ihre Vision erkennbar unerreichbar, wird sie schnell als reine „Standortpropaganda" ohne empirische Fundierung abgetan und für den weiteren Entwicklungsverlauf gar nachteilig sein.

Wie also vorgehen? Ein Ansatz liefert die von Jörg Knieling kommunizierte Verbindung von Leitbildprozess und Regionalmanagement:

> „Im Bereich der strategischen Planung bieten Leitbilder eine vermittelnde, informelle Ebene der interkommunalen Konsensfindung zwischen Problemanalyse und Maßnahmenfindung. Sie stellen das Bindeglied zwischen der Stärken-Schwächen-Analyse und der Maßnahmenebene dar. (…) Der Aufgabenbereich des Regionalmanagements und damit auch der Leitbilder bezieht sich in erster Linie auf regionale Entwicklungs-, weniger auf die klassischen Ordnungsaufgaben der Regionalplanung" (Knieling 2000, S. 43).

Bei der Initiierung und Umsetzung der regionalen Leitbilder kommen den verschiedenen Akteuren jeweils spezifische Aufgaben zu.

Grundsätzlich kann der Anstoß zur Entwicklung regionaler Leitbilder von den unterschiedlichsten Personen oder Institutionen kommen. Wichtig ist, dass ihre Stimme am jeweiligen Standort Gehör findet. Neben den politischen Gremien, Wirtschaftskammern und Wirtschaftsverbänden, der Wissenschaft, den lokalen Medien wäre auch an am Standort besonders einflussreiche Inhaber/innen von Unternehmen oder aber die jeweiligen Wirtschaftsförderungseinrichtungen zu denken.

Inwieweit sich die Leitbildinitiierung aus einer Position der Stärke erfolgt, also um einen starken Standort noch attraktiver oder einer Position der Schwäche, die auf die Überwindung beträchtlicher struktureller Defizite am Standort abstellt, ist dabei unerheblich.

Dabei verfügen die für den Standort zuständigen politischen Gremien über das regionale Leitbild (vgl. Knieling 2000, S. 87). Doch dürften sich die politischen Gremien in der Regel mit den anderen relevanten Akteuren austauschen, schon um die Akzeptanz des neuen regionalen Leitbildes nicht gleich zu Beginn zu gefährden.

Knieling unterscheidet hinsichtlich der Adressaten des regionalen Leitbildes zwischen intern und extern. Intern sind demnach die „Bevölkerung, Multiplikatoren, Politik und Verwaltung." Extern sind „Fördermittelgeber Investorinnen und Investoren Wirtschaft (bei Ansiedlung) Bauwillige Wohnbevölkerung Gäste (in Tourismusregionen)" (Knieling 2000, S. 87).

Die Steuerung in diesem kooperativen Prozess erfolgt mittels Überredung, Tausch und Zwang. Der Zwang kann dabei durch eine Exklusion aus der Kooperation entstehen. Umgekehrt winken Kooperationsvorteile und gegebenenfalls auch zusätzliche die Kooperation belohnende öffentliche Gelder (vgl. Knieling 2000, S. 87).

2.3.1.3 Standortstrategien und Standortentwicklung

Auf dieser strategischen Ebene geht es um eine Modellierung der „(…) relevanten langfristigen Zielpfade und Prozesse (…); mit anderen Worten soll die zentrale Stoßrichtung der regionalen Entwicklung erarbeitet werden" (Thierstein 1999, S. 6).

Während bei der normativen Ebene der Standortvision eher die Kreativität und Fantasie im Vordergrund standen, geht es auf der strategischen Ebene der Standortstrategie und Regionalentwicklung um den Aufbau von Plänen, Projekten und Prozessen, die den Istzustand des Standortes an seinen gewünschten Zustand, also den Sollzustand heranführen.

Um auch diese Ebene auf die „breiten Schultern" zahlreicher Standortakteure zu stellen, erscheint es als sinnvoll, auch die sich auf dieser Ebene vollziehenden Entscheidungen möglichst konsensual zu treffen. Zumindest sollten gemeinsame Interessen herausgearbeitet und in den Vordergrund gestellt werden.

Insbesondere privatwirtschaftliche Unternehmen, die unter Umständen zuvor eine Fokussierung auf das eigene Unternehmen hatten, können durch eine aktive Mitarbeit an den Entwicklungsprozessen eine erweiterte Wahrnehmung ihrer beruflichen Umwelt erfahren und neue sowie zusätzliche Kooperationsmöglichkeiten erkennen. Sie bemerken, dass sie Einfluss auf die Entwicklung des sie umgebenden Standortes haben.

> „Ein solches Verständnis impliziert, dass die Unternehmen nicht Empfänger der Dienstleistung ‚Wirtschaftsförderung' sind, sondern ebenso wie die Wirtschaftsförderung selbst einen Beitrag zur Dienstleistung ‚Standortentwicklung' leisten. Zur begrifflichen Trennung nennen wir die Arbeit der Wirtschaftsförderungseinrichtung Wirtschaftsförderung und das gemeinsame Produkt Standortentwicklung". (Gärtner et al. 2006, S. 248).

Wechselseitiges Vertrauen, das durch ein gemeinsames Engagement zum Aufbau des Standortes entstanden ist, könnte auch die Basis für betriebliche Kooperationen bilden.

Je mehr Standortakteure sich mit den Beschlüssen identifizieren und Einblick in die sich abzeichnende zusätzliche Gestaltbarkeit des Standortes bekommen, desto mehr werden sich auch mit den zusätzlichen Prozessen und Aufgaben identifizieren und diese auch als ihre Aufgabe ansehen.

Ist die Hauptstoßrichtung der zukünftigen Standortentwicklung erst einmal festgelegt, ist sie entsprechend zu kommunizieren. Insbesondere die mit den angestrebten Prozessen einhergehenden Chancen für den Standort sollten vor Ort, aber auch außerhalb kommuniziert werden. Je mehr die hoffentlich positiven Prozesse der Standortentwicklung zum Gegenstand medialer Aufmerksamkeit werden, desto eher entsteht eine positive Entwicklungsspirale.

> „Bei der Entwicklung von strategischen Standortkonzepten (...) müssen sich die kommunalen Akteure aus Politik und Verwaltung bewusst sein, dass unternehmensorientierte Verwaltungs- und Stadtentwicklung aufgrund des stetigen gesellschaftlichen und wirtschaftlichen Wandels ein kontinuierlicher Prozess ist" (Göbel 2013, S. 365 f.).

Dallmann und Richter bringen eine Kommunikationspolitik in Beziehung zu dem jeweiligen Standortentwicklungskonzeptes:

> „Wenn es bei Erstellung eines Standortentwicklungskonzeptes um die Bereiche Imagebildung, Attraktivitätssteigerung und Bekanntheit, um Unternehmensakquisition, Tourismus und Einzelhandelsförderung, aber auch um Gewinnung von Fachkräften und Bevölkerung geht, dann sind geeignete Maßnahmen der Kommunikation gefragt. Ein positives Wirtschaftsklima am Standort, die Bildung von Clustern und Netzwerken und damit die Standortentwicklung, aber

ebenso die Akzeptanz der wirtschaftspolitischen Maßnahmen sind Aufgaben, die mit den Maßnahmen der Kommunikation und des Marketing erreicht werden sollen." (Dallmann und Richter 2012, S. 229).

2.3.1.4 Standortmaßnahmen

Die operative Ebene der Standortmaßnahmen bietet nunmehr Raum für das breite Bündel in der Vorphase aufeinander abgestimmter Maßnahmen und Projekte. Ebenso bietet sie Raum für kooperative Initiativen und/oder Unternehmen. Nun kommen die gebündelten und koordinierten Kräfte zur Anwendung, gelangt das endogene Potenzial zu Entfaltung. Was zuvor für den oder die einzelnen Akteure als utopisch und nicht umsetzbar erschien, hat nunmehr dank Planung und Kooperation die Chance zu Entfaltung.

Für diese Phase ist äußerst vorteilhaft, wenn zunächst (auch) Projekte angegangen werden, die einen schnellen Erfolg versprechen. Der offensichtliche und hoffentlich von den Projektverantwortlichen intensiv kommunizierte Erfolg soll die bislang in die Projekte involvierten Akteure weiter in ihrem Tun bestärken und zuvor Unentschlossene zu einem zupackenden Engagement bewegen. Dabei sollten diese neu gewonnenen, und überaus positiven Gestaltungsoptionen proaktiv medial aufgearbeitet und zu einem integrativen Bestandteil der Binnen- und Außenkommunikation gemacht werden.

2.3.2 Die Bedeutung der (kommunalen) Wirtschaftsförderung für das Standortmanagement

Die für den jeweiligen Standort „zuständige" Wirtschaftsförderung hat grundsätzlich einen erheblichen Einfluss auf das Standortmanagement. Ein Blick auf die bereits vorgestellten Bestandteile des Standortmanagements mag dies verdeutlichen.

Wie kaum eine andere Organisation sollte eine kommunale oder regionale Wirtschaftsförderungseinrichtung, unabhängig ob als Amt oder privatrechtlich organisiert, in der Lage sein, Standortanalysen entweder selbst durchzuführen oder doch wenigstens einzukaufen bzw. zumindest zu initiieren. Die Beschäftigung mit den Unternehmen und deren Struktur am Standort gehört ohnehin zu ihrer täglichen Arbeit.

Ihre institutionalisierten Kontakte zur (lokalen) Politik und ihre Einbindung in zahlreiche Netzwerke mit anderen Wirtschafts- und oft auch Wissenschaftsakteuren, prädestinieren die Belegschaften von Wirtschaftsförderungseinrichtungen Impulse zum Start eines systematischen Regionalmanagements zu geben.

Auch bei dem Aufbau von Visionen und Leitbildern sollten sich die Wirtschaftsförderungseinrichtungen möglichst aktiv einbringen. Dabei könnten sie als Initiatoren dienen und die Findungsphase aktiv begleiten und dokumentieren, evtl. auch moderieren. Sollten genügend finanzielle Mittel vorhanden sein, wäre auch an eine externe Moderation mit viel diesbezüglicher Erfahrung und einer möglichst ausgeprägten „Neutralität" zu denken.

Die Unterstützungsleistung der Wirtschaftsförderung bei der Entwicklung der notwendigen Standortstrategien könnte in der Vorbereitung entsprechender Konzepte (Entwurf) und in der Definition von für das erfolgreiche Projektmanagement notwendiger Meilensteine liegen.

Bei der abschließenden operativen Umsetzungsphase könnte die Wirtschaftsförderung wieder aktiv begleiten, sich innerhalb ausgewählter Maßnahmen aktiv einbringen und vor allem sich in der Dokumentation, dem Controlling und der Evaluation betätigen. Ebenso wären zumindest die als Kapitalgesellschaften organisierten Wirtschaftsförderungseinrichtungen geeignet, sich an anderen Standortmanagementgesellschaften durch den Kauf von Geschäftsanteilen zu beteiligen.

Allerdings dürfte die Lektüre dieser mannigfaltigen Verwendungsmöglichkeiten die Belegschaften kommunaler Wirtschaftsförderungseinrichtungen auch vor die Frage stellen, wie sie diese zusätzlichen wichtigen und nützlichen Aufgaben neben ihrem Tagesgeschäft bewerkstelligen sollten. Ein altbekanntes Paradoxon kommunaler Wirtschaftsförderung in Deutschland, nämlich die beträchtliche Ausweitung der Aufgaben bei stagnierendem Personal und Finanzmittel tritt auch hier wieder in Erscheinung. Eine schnelle Lösung ist bei vielen Standorten, gleichgültig ob Stadt, Landkreis oder Region nicht in Sicht (Tab. 2.1).

Tab. 2.1 Visualisierung des Standortmanagements, eigene Darstellung mit teilweiser Anlehnung an die Basis der Ausführungen von Thierstein (1999, S. 6 f.)

Ebene	Ziel	Akteure	Medium	Rolle der Wifö
analytisch	Systematische Erstellung von Standortinformationen	Wissenschaft, interne oder externe Dienstleister	Standortanalysen, z. B. zur Sozial- und Wirtschafts-struktur. Stärken und Schwächen etc.	Initiator, Dienstleister, Prozesssteuerung
normativ	Vision für Standort	Politik, Kammern, Verbände, Gewerkschaften, Wifö, Freiwilligenagenturen, Unternehmen, Medien, Bürger, externer Moderator	Standortkonferenz, Kreativworkshops, Best-Practice-Veranstaltungen	Initiator, aktive Mitarbeit oder Begleitung, Dokumentation
strategisch	Modellierung langfristiger Zielpfade und Prozesse	Akteure wie normativ	Kreativworkshops, Best-Practice-Veranstaltungen, Planungszelle	Erarbeitung von Entwürfen für Strategiekonzepte, Controlling, Vorschlag für Meilensteine
operativ	Konkrete Maßnahmen und Leistungsangebote	Akteure wie normativ	Initiativen, Vereine, PPP-Gesellschaften, externe Träger von Evaluation	Beteiligung an PPP-Gesellschaften bzw. -Initiativen, Träger der Angebote (z. B. Beratung, Unterstützung, Dokumentation)

> **Resümee**
>
> Die Standortentwicklung ist ein Teilbereich des Standortmanagements, welche seinerseits auf einer fundierten Standortanalyse inklusive des Controllings der bisherigen Maßnahmen und einer Standortvision basiert. Das Wissen um den Wirtschaftsraum kann, angereichert durch visionäre und passgenaue Strategien, dann in ein Bündel konkreter Standortmaßnahmen und Leistungsangebote münden. Der Regelkreis des Standortmanagements, wie er in der Abb. 2.1 dargestellt ist, startet dann erneut mit dem Controlling der skizzierten Standortmaßnahmen und der Leistungsangebote. Die Rollen der (kommunalen) Wirtschaftsförderungseinrichtungen bei der erfolgreichen Umsetzung von Standortmanagementprozessen sind vielfältig. Sie reichen von der Initiierung, (Mit-)Steuerung, konstruktiven Begleitung, Dokumentation bis zur Ideengebung und der Übernahme von Contollingaufgaben sowie Öffentlichkeitsarbeit.

> **Kontroll- und Lernfragen**

- Wodurch entsteht Wettbewerb im Wirtschaftsleben?
- Wodurch zeichnet sich ein „guter" Standort aus?
- Lassen sich soziales Handeln und Interaktion ohne die Dimensionen Raum und Zeit verstehen?
- Welche Bestandteile erhält der Management-Regelkreis?
- Welche Instrumente zur Analyse von Standorten sind Ihnen bekannt?
- In welcher Beziehung stehen Standortentwicklung und Standortmanagement zueinander?
- Für welche Aufgaben im Standortmanagementprozess ist die (kommunale bzw. regionale) Wirtschaftsförderung prädestiniert?
- Bitte recherchieren Sie im Internet nach Beispielen für ein erfolgreiches Standortmanagement.

Literatur

Baumfeld, L. (2016). SWOT-Analyse. http://www.lernende-regionen.at/de/page.asp?id=30. Zugegriffen am 18.01.2016.

Bienert, M. L. (1996). *Standortmanagement: Methoden und Konzepte für Handels- und Dienstleistungsunternehmen*. Wiesbaden: Gabler.

Dallmann, B., & Richter, M. (2012). *Handbuch der Wirtschaftsförderung. Praxisleitfaden zur kommunalen und regionalen Standortentwicklung*. München: Haufe-Lexware GmbH & Co., KG.

Duden. (2016b). Standort. http://www.duden.de/node/689912/revisions/1341254/view. Zugegriffen am 22.05.2016.

Eckey, H.-F. (2008). *Regionalökonomie*. Wiesbaden: Gabler.

Gärtner, S., Terstriep, J., & Widmaier, B. (2006). Von der Wirtschaftsförderung zur Standortentwicklung. In S. Gärtner, J. Terstriep, & B. Widmaier (Hrsg.), *Wirtschaftsförderung im Umbruch* (S. 243–251). München/Mering: Rainer Hampp Verlag.

Geißler, R. (2002). *Die Sozialstruktur Deutschlands. Die gesellschaftliche Entwicklung vor und nach der Vereinigung*. Wiesbaden/Bonn: Westdeutscher Verlag GmbH/Lizenzausgabe für die Bundeszentrale für politische Bildung.

Göbel, A. (2013). Kommunalverwaltung und Wirtschaftsförderung als Standortfaktor für Unternehmen. In Fachbereich Verwaltungswissenschaften der Hochschule Harz (Hrsg.), *Forschungsbeiträge zum Public Management* (Bd. 7). Berlin: Lit Verlag Dr. W. Hopf.

Hamm, B., & Neumann, I. (1996). *Siedlungs-, Umwelt- und Planungssoziologie. Ökologische Soziologie* (Bd. 2). Opladen: Leske + Budrich.

Knieling, J. (2000). *Beiträge zur Politikwissenschaft. Leitbildprozesse und Regionalmanagement*. Frankfurt am Main: Europäischer Verlag der Wissenschaften.

Lernende Regionen. (2016) http://www.lernende-regionen.at/de/page.asp?id=30. . Zugegriffen am 18.01.2016.

Rehfeld, D. (2006). Wirtschaftsförderung – Steuerungsinstrument oder Dienstleistung und immer wieder: Die Hoffnung auf den Jackpot. Überlegungen am Beispiel des Clustermanagements. In S. Gärtner, T. Judith, & W. Brigitta (Hrsg.), *Wirtschaftsförderung im Umbruch* (S. 53–76). München/Mering: Rainer Hampp Verlag.

Schäfers, B. (2003). *Architektursoziologie. Grundlagen – Epochen – Themen*. Opladen: Leske + Budrich.

Schnurrenberger, B. (2000). *Standortwahl und Standortmarketing. Beeinflussung der Standortwahl internationaler Unternehmen durch professionelles Standortmarketing der Regionen*. Berlin: Weißensee Verlag.

Stichwort Management. (2016a). Springer Gabler Verlag, Gabler Wirtschaftslexikon (Hrsg.), 35/Archiv/55279/management-v9.html. Zugegriffen am 22.05.2016.

Thierstein, A. (1999). *Standortmanagement – Alter Wein in neuen Schläuchen oder wie macht man aus einem Gürtel einen Hosenträger?* St. Gallen: IDT.

Wirtschaftsstruktur. (2016b). Springer Gabler Verlag, Gabler Wirtschaftslexikon (Hrsg.) 35/Archiv/71490/wirtschaftsstruktur-v8.html. Zugegriffen am 22.05.2016.

Standortfaktoren für Unternehmen 3

▶ **Zusammenfassung** Die Entscheidung für oder gegen einen bestimmten Standort ist eine unternehmerische Grundsatzentscheidung, die sich meist nur mit einem erheblichen Kosten- und Zeitaufwand wieder revidieren lässt. Jeder Standort weist eine Vielzahl spezifischer positiver und negativer Standortfaktoren auf, die in ihrer Gesamtheit einem erfolgreichen Geschäftsmodell zu- oder abträglich sein können. Zuweilen entscheiden am ausgewählten Standort nur wenige Meter darüber, ob beispielsweise ein stationäres Handelsunternehmen eine genügend große Zahl potenzieller Käufer tatsächlich erreicht und damit erfolgreich am Markt agieren kann oder aber am Markt nicht zu bestehen vermag.

Die wissenschaftliche Beschäftigung mit den Fragen des Standorts hat eine lange Tradition. Dabei lassen sich neo-klassische, behavioristische und institutionalistische Standorttheorien unterscheiden. Unternehmen sollten die Standortwahl möglichst systematisch angehen. Dazu stehen ihnen zahlreiche Instrumente wie Checklisten und digitale Standortfinder zur Verfügung. Der Wert der spezifischen Standortfaktoren für die jeweiligen Unternehmen ist zuweilen einem dynamischen Wandel unterworfen. Eine umfassende Analyse und Dokumentation der des jeweiligen Standortprofile gehört zu den Grundaufgaben einer jeden Wirtschaftsförderungseinrichtung.

3 Standortfaktoren für Unternehmen

> **Lernziele**
> Die Studierenden sollen ein Verständnis für die Beziehung von Standortfaktoren und Standortentwicklung erhalten und insbesondere die Standortwahl von Unternehmen reflektieren. Zudem erhalten sie einen allgemeinen Überblick über die Standortfaktoren, die sich in Abhängigkeit zu den Möglichkeiten ihrer Quantifizierbarkeit sogenannten harten oder aber weichen Standortfaktoren zuordnen lassen. Zu den Grundaufgaben einer Wirtschaftsförderungseinrichtung gehört die Analyse des jeweiligen Standortes. Dabei kommt der Analyse der jeweiligen Standortfaktoren eine besondere Bedeutung zu. Diese Standortfaktoren und Standortbedingungen gilt es regelmäßig zu überprüfen.

„Standortfaktoren sind jene ökonomischen Größen, die die Standortwahl beeinflussen und bestimmen" Eckey (2008, S. 15). Grundsätzlich können sie positiv oder aber negativ sein. Anders als in früheren Jahrhunderten, in denen Europa und später auch die USA über einen exklusiven Zugang zu Wissen und Kapital verfügten und die Welt ökonomisch, politisch, militärisch und auf dem Felde der Wissenschaft dominierten, weisen Standortfaktoren wie Wissen und Kapital augenblicklich einen nivellierenden Trend auf. Begründen lässt sich dies maßgeblich mit den sich immer rasanter ausbreitenden Informations- und Kommunikationstechnologien. Zwar verfügte bereits Napoleon mit der optischen Telegrafie über die Möglichkeit zu Überwindung großer Räume in sehr kurzer Zeit. Doch erst die elektrische Telegrafie, welche bereits in den 1860er-Jahren Europa mit den USA verband, erlaubte einen Datentransfer in bis dahin unbekannter Intensität. Auch die darauf folgenden Entwicklungen wie Hörfunk, Fernsehen, Internet und mobile Applikationen stehen für eine Entwicklung, die von dem Kommunikationswissenschaftler Marshall McLuhan bereits in den 60er-Jahren des 20. Jahrhunderts mit dem berühmten Bild, wonach die Welt ein „globales Dorf" sei, umschrieben wurde.

> „Auf Knopfdruck erscheint auf den Bildschirmen der Computer in Bogota oder Colombo das Gleiche wie auf denen in London oder Rom. Die Informationen, aus denen sich Wissen destillieren lässt, unterscheiden sich nicht mehr. Deshalb erfährt auch das Kapital in Sekundenschnelle, wo es am profitabelsten andocken kann. Dorthin eilt es dann. Größere Unterschiede gibt es allenfalls noch beim Zugang zu Rohstoffen und bei der Geografie" (Miegel 2005, S. 82).

Doch selbst diese Differenzen werden von Miegel selbst relativiert und teilweise negiert, wenn er auf tendenziell sinkende Transportkosten verweist. Die abnehmende Bedeutung dieser Standortfaktoren geht mit einem relativen Aufstieg der sogenannten weichen Standortfaktoren einher.

3.1 Standortfaktoren und Standortentwicklung

So rational und wichtig es für Unternehmen ist, sich überlegt und strukturiert mit ihrer Standortwahl auseinanderzusetzen, so unwahrscheinlich ist es, wirklich den „optimalen Standort" zu finden. Es geht eher um das Auffinden eines Standortes, der in Relation zu anderen in Frage kommenden Standorten, ein möglichst günstiges Profil aufweist.

Unterstellen wir, es gäbe wirklich „den optimalen Standort", dann wäre es der optimale Standort „für den Augenblick". Unser rasantes Wirtschaftsleben und eine sich stetig ändernde Umwelt bringen es mit sich, dass auch der relative Wert von spezifischen Standorten einem Wandel unterworfen ist. Verändertes Kunden- und Konkurrenzverhalten, unterschiedliche politische Rahmenbedingungen, technischer Fortschritt und Innovationen, um nur einige Beispiele zu nennen, können auch Auswirkungen auf den relativen Wert eines spezifischen Standortes haben.

Die wissenschaftliche Beschäftigung mit den Fragen des Standortes hat eine lange Tradition. So wurden seit dem 19. Jahrhunderte sehr verschiedene Standorttheorien und Typologien entwickelt.

Für die Entwicklung wirtschaftswissenschaftlicher, auf Industriebetriebe ausgerichteter Standorttheorien kommt eine besondere Bedeutung dem Ökonom und Kultursoziologen Alfred Weber zu. Seine im Jahr 1909 veröffentlichte Pionierarbeit mit dem Titel „Über den Standort der Industrien" führte beispielsweise auch den sehr wichtigen Terminus „Agglomeration" ein (vgl. Grabow et al. 1995, S. 76). Bereits 1826 hatte Johann Heinrich Von Thünen eine Standorttheorie entwickelt, die auf eine landwirtschaftliche Produktion abstellt. Von Thünen legte damit als erster eine geschlossene Standorttheorie vor (vgl. Grabow et al. 1995, S. 76).

In der Zwischenzeit sind zahlreiche weitere Standorttheorien entwickelt worden:

Neo-Klassische-Standorttheorien: Dieser Ansatz „(…) leitet sich vom mikroökonomischen Modell der ‚Theorie der Unternehmung' ab. Grundlegender Mechanismus hierbei ist die Kostenminimierung bzw. die Gewinnmaximierung des Unternehmens" (Derungs 2008, S. 34). Dabei ist hinsichtlich der standortbezogenen Kosten zwischen solchen Kosten zu unterscheiden, die durch die jeweils vorherrschenden Standortbedingungen entstehen und solchen, die dadurch entstehen, dass bestimmte Räume überwunden werden müssen. Die zweite Kategorie lässt sich auch als für die Kommunikation und den Transport anfallenden Kosten bezeichnen (vgl. Derungs 2008, S. 34 f.).

Die Neo-Klassische-Standorttheorien legen jeweils die zweckrationale Sichtweise des Homo oeconomicus zugrunde. Gleichzeitig werden die klassischen Modelle der Mikroökonomie mit dem zusätzlichen Faktor „Raum" versehen (vgl. Derungs 2008, S. 35).

Behavioristische Standorttheorien: Zahlreiche empirische Studien brachten zutage, dass die tatsächlich von Unternehmen durchgeführten Standortentscheidungen nicht immer rational gesteuert sind bzw. nicht zu den scheinbar rationalen Ansiedlungsergebnissen

führen. Auf die Frage „Weshalb entscheiden sich Unternehmen nicht für die aus der rationalen Sicht des Homo Oeconomicus vorteilhaftesten Standort" sucht der behavioristische Ansatz Antworten zu geben. Derungs (2008, S. 39) führt aus, dass es sich ehr um behavioristische Ansätze handelt als um eine vollständige Theorie.
Institutionalistische Standorttheorien:

- Institutionalistische Ansätze nehmen an, dass ökonomische Prozesse auf regionaler Ebene hauptsächlich von gesellschaftlich-kulturellen Institutionen und Wertesystemen getrieben sind. Deshalb darf ein Unternehmen nicht von seiner Umwelt isoliert betrachtet werden, sondern in seinem sozialen und kulturellen Kontext, in dem es eingebettet ist. [...]
- Im Zentrum dieser Ansätze steht die Firma, welche in einem Austauschverhältnis zur Umwelt steht, mit ihr interagiert und so zum homo interagens wird. [...]
- Institutionalistische Standorttheorien arbeiten konzeptionell, indem sie anhand von Fallbeispielen Entwicklungsmuster ableiten und daraus Erklärungsmodelle entwickeln (vgl. Hodgson, 1998)" (Derungs 2008, S. 48).

3.2 Standortwahl von Unternehmen

„Drum prüfe, wer sich ewig bindet,
Ob sich das Herz zum Herzen findet!
Der Wahn ist kurz, die Reu ist lang."
Friedrich Schiller, Das Lied von der Glocke (1799)

Man muss nicht gerade Schillers aus heutiger Sicht etwas pathetisch wirkendem Ratschlag zur Lebensentscheidung Ehe folgen, um zu ahnen, dass die Wahl des Standortes grundsätzlich zwar revidiert werden kann, dies aber in der Praxis meist mit sehr hohem Aufwand und Kosten einhergeht. Selbstverständlich ist diese sehr pauschale Aussage je nach Größe, Branche, Flächenverbrauch, Standort- und Konjunktursituation gegebenenfalls zu relativieren und anzupassen. Dennoch bleibt festzuhalten, dass es sich um eine unternehmerische Grundsatzentscheidung handelt, die oftmals immense Kapitalmittel bindet und Marktchancen mit determiniert.

Wie bei den behavioristischen Standortansätzen ausgeführt, muss die tatsächliche Standortwahl von Unternehmen nicht zwingend rein rationalen Kriterien folgen. Auch sind mögliche, für die Standortentscheidung grundsätzlich nicht uninteressante Interessensgegensätze zwischen den Unternehmen als Organisation und den diese leitenden Akteuren möglich. Gerade bei Fremdgeschäftsführern einer Kapitalgesellschaft, beispielsweise einer GmbH oder dem Vorstand einer AG ohne eigene Aktienpakete, kann es zu

3.2 Standortwahl von Unternehmen

beträchtlichen Interessensgegensätzen zwischen der Person und der zu führenden Organisation kommen.

Sehr unterschiedliche Konstellationen können zu einer Standortsuche und einer sich daran anschließenden Standortentscheidung führen. Orientiert man sich am Lebenszyklus der Unternehmen, wäre zunächst an die Gründung zu denken. Allerdings haben zahlreiche Befragungen ermittelt, dass gerade Gründer bei ihrer Standortwahl sich eher an subjektiven und auf die Gründerperson bezogenen Kriterien orientieren.

Im reifen Alter eines Unternehmens wäre an eine Verlagerung oder eine Erweiterung zu denken, beispielsweise weil die Standortbedingungen vor Ort nicht mehr den Interessen des Unternehmens oder seiner Leitung entsprechen. So wäre es leicht vorstellbar, dass ein Unternehmen im Zuge einer Expansion noch zusätzliche Kapazitäten an einem anderen Standort aufbauen möchte. Natürlich kann auch eine Verlagerung auch durch einen Prozess des Schrumpfens ausgelöst werden, wenn beispielsweise Flächen und Immobilien auf die beträchtlichen Kapazitäten der Vergangenheit ausgelegt waren und nunmehr einfach zu groß und zu teuer sind.

Aus Sicht des Unternehmens wäre es günstig zunächst eine Vorstellung von dem gewünschten Standort und den dort im Idealfall anzufindenden Verhältnissen zu entwickeln. Wie bei der Personalauswahl zunächst ein detailliertes Anforderungsprofil an die Bewerberin bzw. den Bewerber zu erstellen wäre, sollte auch eine möglichst exakte Vorstellung von dem Wunschstandort entwickelt werden.

Zahlreiche Unternehmen und Institutionen bieten dazu kostenfreie Checklisten an (vgl. Abb. 3.1 und 3.2).

Anbei ein Beispiel der IHK Stuttgart (siehe Abb. 3.1). Die dabei vorgelegte Checkliste differenziert zwischen dem Wirtschaftsstandort und dem Betriebsort. Ausgehend von der großräumigeren Makroebene erfolgt eine systematische Beschäftigung mit den Verhältnissen der Mikroebene.

Der Vorteil der Checkliste Wirtschaftsstandort liegt u. a. darin, dass mittels einer Kreuztabelle die in das Auge gefassten Standorte systematisch analysiert und in Beziehung zueinander gebracht werden können. Ebenso besteht die Möglichkeit einer Gewichtung der Faktoren.

Ebenso bietet das Bundesministerium für Wirtschaft und Energie Informationen an, die jedoch auf die spezifischen Bedürfnisse von Gründerinnen und Gründern zugeschnitten sind (siehe Abb. 3.3).

Eine weitere Möglichkeit der „Vorinformation" bezüglich einer größeren Zahl evtl. geeigneter Unternehmensstandorte bieten Städterankings. Zahlreiche Medien, insbesondere Zeitschriften, bieten ihren Leserinnen und Lesern in regelmäßigen Abständen eine Übersicht über die verschiedensten Standorte. Erwähnt seien beispielsweise die Wirtschaftswoche und der Fokus.

Dabei weisen die publizierten Rankings eine beachtliche Bandbreite auf. So finden sich beispielsweise auf der Internetseite des Nachrichtenmagazins Fokus Städterankings zu den folgenden Themen:

3.1 Checkliste Wirtschaftsstandort

Beurteilen Sie alternative Wirtschaftsstandorte, um den für Sie optimalen zu wählen

Standortfaktor	Gewicht für jeden Standort	Standort A		Standort B		Standort C	
		Note	Punkte	Note	Punkte	Note	Punkte
Kundennähe							
Lieferantennähe							
Kontakte zu Unternehmen derselben Branche							
Lohnkosten							
Angebot an qualifizierten Arbeitskräften							
Angebot an Gewerbeflächen und -räume							
Grundstückspreise							
Gewerbemieten							
Energiekosten							
Kommunale Abgaben							
Luftverkehrsverbindung							
Überregionale Bahnverbindung							
Autobahnanschluss							
ÖPNV							
Nähe zu Hoch- und Fachhochschulen							
Nähe zu Forschungseinrichtungen							
Qualität der kommunalen Verwaltung							
Unterstützung durch Wirtschaftsförderung							
Unterstützung durch Kammern							
Dienstleistungen der örtlichen Banken							

Abb. 3.1 IHK Stuttgart Checkliste 1

„Die Top-Metropolen der Welt   Seite 1
Die kreativste Stadt Deutschlands   Seite 2
Die kreativste Stadt der USA   Seite 3
Die lebenswerteste Stadt der Welt   Seite 4
Die dreckigste Stadt Europas   Seite 5
Die teuerste Stadt der Welt   Seite 6
Die optimistischste Stadt der Welt   Seite 7"
(Focus 2015, Städterankings).

Jeweils findet sich unter Heranziehung von Superlativen eine Auflistungen von 10 Städten. Der jeweilige Erkenntnisgewinn ist schwer einzuschätzen.

Eine von Handelsblatt und Prognos AG herausgegebene Analyse gibt eine Übersicht über die Zukunftsfähigkeit bestimmter (Wirtschafts-)Räume. Es handelt sich um ein

3.2 Checkliste Betriebsort

Kommt der Betriebsort in Frage? Je öfter Sie mit „Ja" antworten, desto eher kommt er für Sie in Frage.

- Hat die Betriebsstätte genügend Räume und Flächen? ☐ ja ☐ nein
- Sind die Räume und Flächen groß genug? ☐ ja ☐ nein

  Kalkulieren Sie rechtzeitig: Wie viele Räume sind erforderlich für Büro, Lager, Werkstatt, Sozialräume, Archiv? Prüfen sie dabei: Welche Umbauten sind gegebenenfalls nötig, um die Betriebsräume an die betrieblichen Anforderungen anzupassen oder um behördliche und gesetzliche Auflagen zu erfüllen.

- Gibt es Expansionsmöglichkeiten? ☐ ja ☐ nein

  Sind Ausbauten möglich und bezahlbar, wenn das Unternehmen wächst und expandieren will?

- Ist die Ausstattung der Räume ausreichend (Wärmeschutz, Heizung etc)? ☐ ja ☐ nein
- Sind Zufahrtsmöglichkeiten für Pkw, Lkw und Anlieferung vorhanden? ☐ ja ☐ nein
  Sind diese ausreichend (Breite, Höhe, Wendeflächen etc.)?
- Gibt es genügend Parkplätze? ☐ ja ☐ nein

  Dies betrifft Parkflächen sowohl für Mitarbeiter als auch für Kunden. Können diese Flächen gegebenenfalls erweitert werden? Wäre dies nicht so, würde das Unternehmen gegebenenfalls zukünftig nur unter Schwierigkeiten wachsen können.

- Darf der Betrieb am geplanten Betriebs-Ort arbeiten? ☐ ja ☐ nein

  Vor allem Unternehmen im produzierenden Gewerbe sind meist mit Lärm, Abwässern oder Abgasen verbunden. Je nach Stärke der Umweltbelastung müssen sie sich im Industrie- oder Gewerbegebiet ansiedeln. In Mischgebieten sind Gewerbebetriebe nur dann erlaubt, wenn sie die Wohnqualität nicht wesentlich beeinträchtigen. Der Grad der Umweltbeeinträchtigung wird nach dem Bundesimmissionsschutzgesetz (BImSchG) und den darin enthaltenen Verwaltungsvorschriften TA (Technische Anleitung)-Lärm und TA-Luft ermittelt. Unternehmen, die zum Beispiel nächtlich Schwertransporte erfordern oder deren Maschinen „rund um die Uhr" laufen, müssen ins Industriegebiet. Die für das Vorhaben gültigen Vorschriften sind zum Beispiel beim

Abb. 3.2 Checkliste 2

Gesamtranking der kreisfreien Städte, Kreise und Regionen im bundesdeutschen Vergleich. Es wird eine individuelle Einordnung der jeweiligen Gebietskörperschaften vorgenommen. Die Bandbreite reicht von Platz 1 bis Platz 402.

Dabei erfolgt die Zuordnung in den sechs Kategorien Dynamik, Stärke, Demografie, Arbeitsmarkt, Wettbewerb & Innovation, Wohlstand & soziale Lage sowie Gesamtrang. Platz 1 belegt hier der Landkreis München und Platz 2 die Stadt München. Das Ranking kann sicherlich eine erste Orientierung bei dem Auffinden eines adäquaten Standortes geben.

Abb. 3.3 Existenzgründerportal des BMWi 2015, Standort

Allerdings sollten Rankings eher als Grundorientierung und weniger als finale Entscheidungshilfe herangezogen werden, da ihre Aussagen kaum auf die jeweils sehr spezifischen Standortbedarfe von Unternehmen abstellen (können).

Der Versuch, die Komplexität eines Standortes mittels (weniger) Kategorien und deren Bewertung mittels einiger Kennzahlen abzubilden ruft auch regelmäßig Kritiker auf den Plan.

Weiterhin bieten einzelne deutsche Bundesländer mittels einer Suchmaschine die Möglichkeit zu einer überregionalen Standortsuche an. Unter www.standortfinder.rlp.de erhalten beispielsweise in Rheinland-Pfalz Interessenten die Möglichkeit zu einer detaillierten Suche (vgl. Abb. 3.4). Angeboten wird der Service von der landeseigenen Investitions- und Strukturbank Rheinland-Pfalz (ISB) in Mainz. Es handelt sich dabei um Gewerbeflächen in Rheinland-Pfalz, die von den jeweiligen kommunalen Wirtschaftsförderungsgesellschaften in das System eingespeist wurden. Ebenso finden sich auf der Seite Links zu sämtlichen kommunalen Wirtschaftsförderungseinrichtungen im Bundesland. Auf einer interaktiven Karte von Rheinland-Pfalz können sich die Nutzerinnen und Nutzer einige Standortvariablen anzeigen lassen. Dazu gehören:

- Gewerbegebiet
- Bahnhof
- Autobahnanschluss
- Hafen
- Flughafen
- Güterverkehrszentrum

3.2 Standortwahl von Unternehmen

Abb. 3.4 Investitions- und Strukturbank Rheinland-Pfalz-Standortfinder Standortfinder RLP (1)

- Terminalstandort
- Infrastruktur

Weiterhin kann eine Differenzierung der Gebietsausweisung in die Unterkategorien Gewerbegebiet, Industriegebiet, Sondergebiet und Mischgebiet vorgenommen werden. Zusätzlich lässt sich eine räumliche Entfernung von 1 km bis zu 150 Km zu den vier wichtigen Infrastrukturvariablen „Autobahn, Bahnhof, Flughafen und Hafen" eingeben. Auch wird die zeitliche Dimension mittels der Kategorie „24 Stunden Betrieb" abgefragt.

Die stetig an Wichtigkeit gewinnende Verbindung mit Datenleitungen wird auch mittels der beiden Kategorien Breitbandverfügbarkeit für das Festnetz sowie und Breitbandverfügbarkeit für die mobile Kommunikation abgebildet (siehe Abb. 3.5 und 3.6).

Doch stellt sich die Frage, ob es bei einer Standortwahl durch Unternehmen „typische Abläufe" und jeweils „typische" beteilige Akteure feststellen lassen. Einen interessanten Ansatz hierzu liefert Schnurrenberger, indem er die betriebliche Standortwahl in einen Phasenmodell bringt. Dabei unterscheidet er die folgenden „(…) Kernphasen organisationaler Standortentscheidungsprozesse" Schnurrenberger (2000, S. 142):

Die erste Phase, die der Identifikation und Initiierung, „(…) umfaßt den Zeitraum vom Erkennen eines Handlungsbedarfes und der Initiierung der Standortsuche bis zur Zusammenstellung einer noch relativ umfangreichen (…) Liste potenziell interessanter und im weiteren zu prüfender Standorte" Schnurrenberger (2000, S. 142 f.). Die Phase, in der eine umfangreiche Liste potenzieller möglicher und zukünftig als prüfenswert erachteter Standorte erstellt wird, dient der Vorbereitung der drei darauf folgenden Phasen.

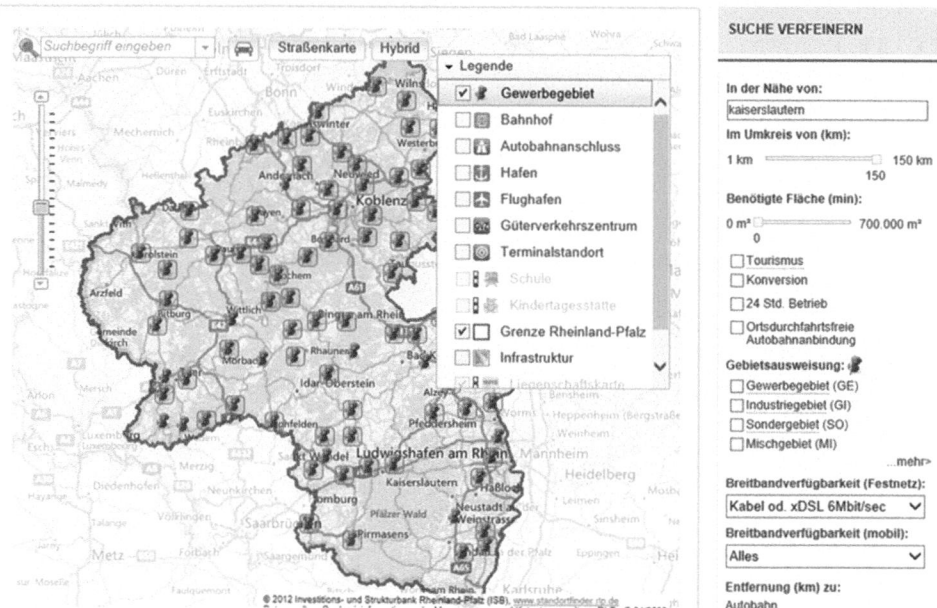

Abb. 3.5 Investitions- und Strukturbank Rheinland-Pfalz-Standortfinder RLP (2)

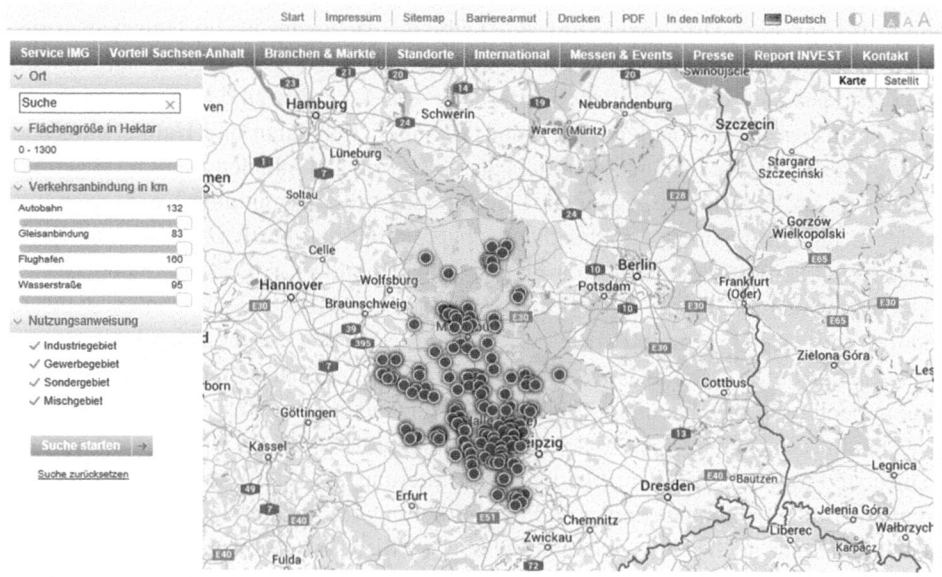

Abb. 3.6 Investieren in Sachsen-Karte

In der zweiten Phase, der Entwicklungs- und Bewertungsphase Nummer I, erfolgt eine systematische Beschäftigung mit der in Phase I erstellen „Long-List" mit dem Ziel einer Reduktion der vielen Einträge auf einige wenige, die die als besonders attraktiv erachteten Standorte verkörpern. Dabei verwandelt sich die „Long-List" in eine „Short-List".

Erst das Vorhandensein dieser kurzen Liste der besonders attraktiven Standorte ermöglicht eine Prüfung von Konkretisierung und den Möglichkeiten der Umsetzbarkeit bzw. Machbarkeit. Die Phase drei schließt mit der Erstellung einer Entscheidungsvorlage für die zuständigen Entscheider.

In der abschließenden vierten Phase kommt es zur Entscheidung und Realisierung (vgl. Schnurrenberger 2000, S. 143).

3.3 Standortfaktoren im Überblick

Bei den Standortfaktoren handelt es sich um „maßgebliche Determinante der Standortwahl. Standortfaktoren sind die variablen standortspezifischen Bedingungen, Kräfte, Einflüsse etc., die sich positiv oder negativ auf die Anlage und Entwicklung eines Betriebs auswirken; sie sind als wirtschaftliche Vor- und Nachteile zu begreifen, die aus dem Niederlassen eines Unternehmens an einem bestimmten Standort resultieren.

Dimensionen: Standortfaktoren stellen sich zum einen als *Standortbedürfnis* dar, d. h. aus Sicht der Anforderungen, die ein Unternehmen an einen potenziellen Standort stellt. Daneben charakterisieren Standortfaktoren die *Standortqualität*, d. h. das räumliche Auftreten der Standortfaktoren in unterschiedlichen Kombinationen und Ausprägungen.

„*Systematisierung*: Standortfaktoren lassen sich nach mehreren Kriterien systematisieren, wobei Überschneidungen auftreten können:

(1) *Zugehörigkeit zur Leistungserstellung*: Beschaffungs-, produktions- und absatzbezogene Standortfaktoren.
(2) *Grad der monetären Quantifizierbarkeit*: Harte Standortfaktoren schlagen sich unmittelbar in Kosten nieder; weiche Standortfaktoren lassen sich nicht unmittelbar in Kosten-Nutzen-Analysen quantifizieren, sondern stellen eine selektive Clusterung all der Faktoren dar, die auf dem individuellen Raumempfinden der Menschen in ihrer Lebens- und Arbeitswelt basieren.
(3) *Maßstabsebene*: Geht man von einer internationalen Standortwahl aus, muss zunächst ein Land bestimmt werden, in welchem die Ansiedlung erfolgt (Makroebene), dann die Region (Mesoebene) und innerhalb dieser eine Gemeinde (Mikroebene).
(4) *Grad der Spezifität*: Allgemeine Standortfaktoren mit branchenübergreifender Bedeutung, spezielle Standortfaktoren mit sektorspezifischer Bedeutung." (Gabler Wirtschaftslexikon, Stichwort Standortfaktoren, 2016a).

Das gängigste Differenzierungskriterium von Standortfaktoren bezieht sich somit auf die Möglichkeit von deren Quantifizierbarkeit. Lassen sich die Standortfaktoren quantifizieren, also beispielsweise messen und mittels Zahlen oder Daten darstellen, dann handelt es sich um harte Standortfaktoren. Falls nicht, sprechen wir von weichen Standortfaktoren.

Anbei eine Darstellung von harten Standortfaktoren, die jedoch bei weitem keinen Anspruch auf Vollständigkeit erhebt bzw. auch nur erheben kann:

„Kunden: Nähe und Kaufkraft?
Zulieferer: Nähe und Qualität?
Konkurrenten: Nähe und Leistungsspektrum?
Kooperierende Unternehmen: Nähe und Leistungsspektrum?
Gewerbeflächen: Verfügbarkeit und Kosten?
Gewerbesteuer: Höhe?
Miete bzw. Pacht: Miet- bzw. Pachtkosten?
Arbeitskräfte: verfügbar und qualifiziert?
Forschung und Entwicklung: wissenschaftliches Umfeld?" (Existenzgründer portal des BMWi. (2015).

3.4 Standortbestimmung und Wirtschaftsförderung

Die kommunale Wirtschaftsförderung sollte jeweils Träger der Standortcharakteristik sein. Das Wissen um das jeweils aktuellste Standortprofil wird von ihr zu Recht erwartet. Kommt zur Kenntnis des lokalen bzw. regionalen Status quo ein Gespür für Trends und Entwicklungen sowie eine gewisse Kreativität, können kommunale Wirtschaftsförderinnen und Wirtschaftsförderer wertvolle Dienste für ihren Standort erbringen, wenn sie dies (öffentlich) kommunizieren und zum Ausgangspunkt diesbezüglicher reger Netzwerk- und Clusteraktivitäten machen.

Grundsätzlich müssen Wirtschaftsförderinnen und Wirtschaftsförderer der Gefahr widerstehen, sich zu sehr auf das, natürlich auch wichtige, operative Tagesgeschäft zu konzentrieren, sondern sich daneben auch Freiraum für strategische Planung, Controlling und Standortreflexionen zu schaffen. Ratgeber und Weiterbildungen zum Thema „Zeitmanagement" können hier eine wertvolle Hilfe, insbesondere für junge und noch recht unerfahrene Wirtschaftsförderinnen und Wirtschaftsförderer sein.

3.5 Wandel in der Bedeutung spezifischer Standortfaktoren

Dennoch bleibt festzustellen, dass die Bedeutung einzelner, einem Standort immanenter Faktoren, für den jeweiligen Wirtschaftserfolg dieses Standortes keinesfalls statisch, sondern eher fluide sind. Durch die Ausweitung von Wirtschaftsräumen zu immer größeren Orten des Wettbewerbs und der Konkurrenzbeziehungen kommt es zumeist zu einer Relativierung der Vor- bzw. Nachteile der jeweiligen Standortfaktoren.

Nachdem beispielsweise das Deutsche Reich am Ende des 19. Jahrhunderts aufgrund seiner Stärke im Bereich Chemie und Pharmazie als „Apotheke der Welt" galt, wird China aktuell auch als „Werkstatt der Welt gesehen". Erklärungen für diese oftmals kleinräumige

3.5 Wandel in der Bedeutung spezifischer Standortfaktoren

Konzentration bestimmter Branchen und Wertschöpfungsketten liefert beispielsweise Michael Porter mit seinem Clustermodell. (vgl. Porter, 1991)

Die spezifischen Vorteile des Wachstums von Unternehmen zu immer größeren Einheiten liegen insbesondere in dem sogenannten Skaleneffekt begründet. So nehmen die relativen Stückkosten der erstellten Produkte mit zunehmender Produktionsmenge ab, was die Konkurrenzfähigkeit des Produzenten tendenziell erhöht.

Doch warum wachsen die immer größer werdenden Unternehmen ebenso wie „die Bäume in der Natur nicht in den Himmel"? Ein Ausflug in die Erdgeschichte mag hier instruktiv sein. Nach der Theorie der Plattentektonik sind entlang unterschiedlicher Plattengrenzen Gebirgsketten entstanden, beispielsweise der Himalaya oder die Alpen. Allerdings sind die jeweiligen Gebirge auch Erosionsprozessen ausgesetzt, die entsprechende Abtragungen von Gestein nach sich ziehen. Auf die Gebirge wirken demnach Kräfte von Aufstieg und Wachstum, aber auch von Abbau und Niedergang.

Welche Kräfte stellen sich nun einer uneingeschränkten Vergrößerung von Unternehmen oftmals in den Weg? Mit dem Wachstum von Unternehmen, wie allgemein von Organisationen, wird deren Steuerung immer aufwendiger und schwieriger. Gleichzeitig besteht die Gefahr, dass sich ausgeprägte Hierarchien und lange Entscheidungswege herausbilden, die einer schnellen Anpassung an eine sich rasant verändernde Unternehmensumwelt eher im Wege stehen.

Große Unternehmen ähneln hier einem sehr großen Schiff, beispielsweise einem Supertanker, das nicht einmal schnell seinen Kurs ändern kann. Radikale Richtungswechsel sind hier nur mit beträchtlichem Vorlauf und Aufwand möglich. Demgegenüber stehen die „kleinen Boote" für schnelle Kurskorrekturen und beträchtliche Agilität.

Es ist und bleibt daher eine zentrale Herausforderung multinational agierender Konzerne, einer sich leicht ausbreitenden, auf Bürokratie und Abschiebung von Verantwortung abstellenden Unternehmensmentalität aktiv entgegenzuwirken.

Die immense Beschleunigung und Ausweitung des ökonomischen sowie gesellschaftlichen Wandels, aber auch dessen Auswirkungen auf die einzelnen Akteure wurde von Thomas L. Friedmann im Jahr 2005 anhand zahlreicher Einzelbeispiele sehr plastisch beschrieben.

Über lange Zeit gewachsene Geschäftsprozesse in den westlichen Industriestaaten wurden insbesondere durch die Digitalisierung und die Bereitstellung von Datennetzen in vielen sogenannten „Schwellenländern" komplett in Frage gestellt. Galten ursprünglich Arbeitsplätze in der Produktion in den westlichen Industriestaaten oftmals als gefährdeter, weil einfacher zu verlagern, kam es in den vergangenen Jahren auch zu einem beträchtlichen Stellenabbau außerhalb der Produktion. Und galten früher lediglich einfache Tätigkeiten als von Verlagerungsprozessen in sogenannte „Schwellenländer" besonders bedroht, hat sich dies in den vergangenen Jahren geändert.

Insbesondere die von Friedmann beschriebenen Beispiele eines globalen Outsourcings erscheinen hier von besonderer Wichtigkeit, als es auch vor Dienstleistungen und hoch qualifizierten Tätigkeiten nicht haltmacht.

So beschreibt Thomas Friedmann eine globale Vernetzung im Bereich von hochkomplexen Auswertungen und Analysen im Krankenhausbereich. Während beispielsweise an einem Tag bei den Patienten US-amerikanischer Krankenhäuser verschiedene bildgebende Untersuchungen durchgeführt werden, erfolgt die Auswertung dieser Untersuchungen in einer Entfernung von mehreren tausend Kilometern, beispielsweise in Indien. Die Ergebnisse werden den Patienten in den USA bereits einen Tag nach der Untersuchung mitgeteilt. Möglich wird dies insbesondere durch leistungsstarke Datenautobahnen, hoch qualifiziertem Personal und „sehr günstigen Preisen".

Im digitalen Zeitalter verliert Raum viel von seiner einstmals trennenden Wirkung. Adäquater Datentransfer vorausgesetzt, lassen sich wie in einem Patchwork Geschäftsmodelle entwickeln, in denen Akteure in Echtzeit über tausende von Kilometern hinweg miteinander kommunizieren und interagieren. Zur Aufrechterhaltung der Konkurrenzfähigkeit stellt sich für das Management immer wieder die Frage, wie durch den Einsatz einer intelligenten Technik Arbeitsplätze in „Hochlohngebieten" gegen Arbeitsplätzen oder sonstigen Serviceleistungen in schlechter bezahlten Wirtschaftsräumen austauschen lassen.

Friedman beschreibt dies am Beispiel einer McDonald's-Filiale in dem US-Bundesstaat Missouri, die ihren Kunden bei der Bestellungsannahme den Eindruck vermittelt, dass sich das die Bestellung aufnehmende Personal in dem Restaurant vor Ort befindet. Tatsächlich wird die Bestellung in Colorado Springs entgegengenommen und mittels eines Datentransfers über eine Entfernung von mehr als 1450 Kilometer in das Restaurant zurückgeleitet (vgl. Friedmann 2005, S. 40). Von hier ist es nur ein sehr kleiner Schritt zu Auslagerung derart auslagerungsfähiger Arbeiten in die aus Sicht des Auftraggebers „günstigsten Regionen der Welt". Je günstiger der Service eingekauft werden kann, desto besser für den Gewinn und den Wert des Unternehmens.

Eine weitere Möglichkeit zur Reduktion von Lohnkosten bietet die Substitution menschlicher Arbeit durch Maschinen. Die Leitung eines Unternehmens wird nicht umhinkommen, immer wieder zu prüfen, ob sich bislang von Menschen ausgeübte Tätigkeiten zukünftig nicht besser mittels Maschinen verrichten lassen. Unterlässt sie es dennoch, läuft sie Gefahr, ihre Konkurrenzfähigkeit einzubüßen.

Diese an sich nicht neue Vorgehensweise findet ihre aktuelle Ausprägung unter dem Schlagwort „Industrie 4.0". Es handelt sich dabei um eine Chiffre für die „vierte industrielle Revolution". „Industrie 4.0" ist ein Marketingbegriff, der auch in der Wissenschaftskommunikation verwendet wird, und steht für ein „Zukunftsprojekt" der deutschen Bundesregierung. Die sog. vierte industrielle Revolution zeichnet sich durch Individualisierung bzw. Hybridisierung der Produkte und die Integration von Kunden und Geschäftspartnern in die Geschäftsprozesse aus" (Gabler Wirtschaftslexikon, Stichwort Industrie 4.0, 2016b).

Auch die sich derzeit rasant ausbreitenden 3D-Drucker, mit ihrem schichtweisen Aufbau dreidimensionaler Werkstücke könnten beträchtliche Veränderungen bringen, indem ein Teil der derzeitigen Massenproduktion von Produkten zu den Konsumenten transferiert und zukünftig auf die individuellen Wüsche einzelner Konsumenten ausgerichtet sein könnte. Gut möglich, dass die zukünftig als nicht undenkbar erscheinende massen-

3.5 Wandel in der Bedeutung spezifischer Standortfaktoren

hafte Verbreitung von 3D-Druckern auch sehr kleinteilige Serien wieder rentabel machen wird und zu beträchtlichen Produktionsverschiebungen führen könnte.

Das Beispiel zeigt zudem, dass oftmals ausgelöst durch einzelne (Basis-)Innovationen ein Standort in kürzester Zeit neue Chancen, aber auch Risiken erfahren kann. Lange Planungshorizonte und sogenannte „Masterpläne" können hier schnell zur Makulatur werden. „Die Herausforderungen des weltweiten Strukturwandels werden auch eine permanente Überprüfung und Anpassung der Standortbedingungen zur Folge haben" (Göbel 2013, 366).

Alle Manager von Wirtschaftsunternehmen sind hier in Personalunion Treiber und Getriebene. Ein Verlust der Konkurrenzfähigkeit führt je nach vorhandenen Firmenwerten und Unternehmensliquidität, früher oder später zu dem ökonomischen Tod, d. h. einem Ausscheiden aus dem Wirtschaftssystem. Dieser ökonomische Tod ist nach Schumpeter ein Akt kreativer Zerstörung und Jungbrunnen einer Volkswirtschaft, aber auch existenzbedrohend für die Akteure des sterbenden Unternehmens. Aus Sicht des Unternehmensmanagements ist es daher zweckrational immer wieder auf das Neue veränderte Rahmenbedingungen (z. B. technisch, politisch, gesellschaftlich) aufzunehmen und im Sinne einer Aufrechthaltung bzw. Steigerung der eigenen Wettbewerbsfähigkeit zu nutzen. Ein Scheitern des Unternehmens hat jedoch nicht nur für das jeweilige Management negative Auswirkungen. Die Gesellschafter bzw. Aktionäre erleiden in der Regel den Verlust des eingesetzten Kapitals und die Mitarbeiter den Verlust ihrer Arbeitsplätze. Wird das Unternehmen nicht von einem neuen Investor, beispielsweise durch eine Übernahme aus der Insolvenz wieder konkurrenzfähig gemacht, erleidet auch die Stadt bzw. Region, in der das Unternehmen angesiedelt war, einen Verlust. Geringere Steuereinnahmen und erhöhte Ausgaben, beispielsweise im Sozialbereich, bilden eine schwierige Hypothek für die Zukunft der jeweiligen Gebietskörperschaft.

> **Resümee**
> Die Wahl des passenden Standortes ist von immenser Wichtigkeit für die jeweiligen Unternehmen. Sie ist eine zentrale Determinante für den ökonomischen Erfolg oder aber Misserfolg von Unternehmen. Zur Analyse der Standorte stehen unterschiedliche Theorien zur Verfügung. Während die neo-klassischen Standorttheorien die mit dem Standort verbundenen Kosten fokussieren, richten die behavioristischen Standorttheorien ihr Augenmerk auf die tatsächlich von den Unternehmen durchgeführten Standortentscheidungen. Die institutionalistischen Ansätze blicken auf die zu analysierenden Unternehmen und deren Eingebundenheit in die Unternehmensumwelt.

> **Kontroll- und Lernfragen**
> - Welchen Einfluss haben Standortfaktoren auf die Ansiedlung von Unternehmen?
> - Welche Standorttheorien sind Ihnen bekannt?
> - Weshalb lässt sich das Zitat von Friedrich Schiller „Drum prüfe wer sich ewig bindet (…)" auch in Beziehung zu Unternehmensansiedlungen setzen?
> - Welche Checklisten zur Standortwahl sind Ihnen bekannt?

- Wie lassen sich weiche Standortfaktoren und harte Standortfaktoren voneinander unterscheiden?
- Wie kommt es, dass Standortfaktoren im Laufe der Zeit an Wert gewinnen bzw. verlieren?
- Bitte recherchieren Sie unter www.standortfinder.rlp.de nach einem Gewerbegebiet in Flugplatznähe. Welche weiteren Informationen erhalten Sie über den Standort?

Literatur

Derungs, C. (2008). *Die betriebliche Standortwahl aus einer prozessorientierten Perspektive. Von Standortfaktoren zum Standortentscheidungsprozess.* Bern/Stuttgart/Wien: Haupt Verlag.

Eckey, H.-F. (2008). *Regionalökonomie.* Wiesbaden: Gabler.

Existenzgründerportal des BMWi. (2015). Standort. http://www.existenzgruender.de/DE/Weg-in-die-Selbstaendigkeit/Vorbereitung/Gruendungswissen/Standort/inhalt.html. (Stand: 02.09.2015).

Focus. (2015). Städterankings. http://www.focus.de/immobilien/kaufen/tid-11601/staedteranking-die-lebenswerteste-stadt-der-welt_aid:327574.html. (Stand: 23.08.2015).

Friedmann, T. L. (2005). *The world is flat. The globalized world in the twenty-first century.* London: Penguin Books.

Grabow, B., Henckel, D., & Hollbach-Grömig, B. (1995). *Weiche Standortfaktoren.* Stuttgart: Kohlhammer.

Göbel, A. (2013). Kommunalverwaltung und Wirtschaftsförderung als Standortfaktor für Unternehmen. In Fachbereich Verwaltungswissenschaftender Hochschule Harz (Hrsg.), Forschungsbeiträge zum Public Management (Bd. 7). Berlin: Lit Verlag Dr. W. Hopf.

HK Stuttgart. (2015). Checkliste Betriebsort. https://www.stuttgart.ihk24.de/existenzgruendung/gruendung/Planungsphase/gewerbeflaechen/Standortwahl/685246. (Stand: 02.09.2015).

IHK Stuttgart. (2015). Checkliste Wirtschaftsstandort. https://www.stuttgart.ihk24.de/existenzgruendung/gruendung/Planungsphase/gewerbeflaechen/Standortwahl/685246. (Stand: 02.09.2015).

Miegel, M. (2005). *Epochenwende. Gewinnt der Westen die Zukunft?* Berlin: Propyläen Verlag.

Porter, M. (1991). *Nationale Wettbewerbsvorteile. Erfolgreich konkurrieren auf dem Weltmarkt.* München: Droemer Knaur.

Schnurrenberger, B. (2000). *Standortwahl und Standortmarketing. Beeinflussung der Standortwahl internationaler Unternehmen durch professionelles Standortmarketing der Regionen.* Berlin: Weißensee Verlag.

Stichwort Industrie 4.0. (2016a). Springer Gabler Verlag Gabler Wirtschaftslexikon (Hrsg.), 35/Archiv/-2080945382/industrie-4-0-v1.html. (Stand: 22.05.2016).

Stichwort Standortfaktoren. (2016b). Springer Gabler Verlag Gabler Wirtschaftslexikon (Hrsg.), 35/Archiv/5808/standortfaktoren-v10.html. (Stand: 22.05.2016).

Infrastrukturmanagement 4

▶ **Zusammenfassung** Der Begriff „Infrastruktur" hat seinen Ursprung in der lateinischen Sprache. Er weist vielfältige Varianten und Unterpunkte auf. So ist beispielsweise eine Differenzierung zwischen materieller und immaterieller Infrastruktur ebenso möglich, wie zwischen staatlicher und privater Infrastruktur. Die jeweilige Infrastruktur hat beträchtlichen Einfluss auf die Wettbewerbsfähigkeit eines Standortes. Der Prozess des Managens oder auch nur der Beeinflussung der Infrastruktur ist komplex und langwierig. Ebenso sind eine Vielzahl von unterschiedlichen Akteuren und zumeist auch Interessen darin involviert. Im Idealfall vermag die (kommunale bzw. regionale) Wirtschaftsförderung verschiedene Teile der Infrastruktur positiv beeinflussen. Zumindest kann sie als Ideengeber und Unterstützer darauf ausgerichteter Prozesse in Erscheinung treten.

Lernziele
Das vorliegende Kapitel informiert über Infrastruktur und deren Management. Die Vielschichtigkeit der auch im Bereich der Wirtschaftsförderung sehr wichtigen Thematik soll dabei verdeutlicht werden. Checklisten und Fallbeispiele dienen einer anschaulichen Vermittlung der Lehrinhalte.

Der Begriff „Infrastruktur" hat seinen Ursprung in der lateinischen Sprache. Die Kombination der beiden Begriffe *„infra"* also „unterhalb" sowie *„structura" das sich mit* „Zusammenfügung" übersetzen lässt, stellt auf eine spezifische Basis oder einen Unterbau ab.

Infrastruktur weist vielfältige Varianten auf. So ist beispielsweise eine Differenzierung zwischen materieller und immaterieller Infrastruktur ebenso möglich, wie zwischen staatlicher und privater Infrastruktur. Die jeweilige Infrastruktur hat beträchtlichen Einfluss auf die Wettbewerbsfähigkeit eines Standortes. Der Prozess des Managens oder auch nur der Beeinflussung der Infrastruktur ist komplex und langwierig. Ebenso sind eine Vielzahl von unterschiedlichen Akteuren und zumeist auch Interessen darin involviert. Die (kommunale bzw. regionale) Wirtschaftsförderung kann in Abhängigkeit zu ihrer Rechts- und Organisationsform auf verschiedene Art und Weise die Infrastruktur beeinflussen. Ebenso kann sie die diesbezüglichen Notwendigkeiten der Unternehmen abfragen, bündeln und gegenüber den relevanten Entscheidungsträgern artikulieren.

Doch in welcher Beziehung stehen Standortfaktoren und Infrastruktur zueinander? Infrastruktur ist ein wesentlicher Teilbereich des Oberbegriffs Standortfaktor. Unter der Vielzahl von Standortfaktoren kommt der Infrastruktur für die ökonomische Potenz und Entwicklung eines Standortes eine bedeutende Rolle zu. Zumeist handelt es sich bei der Infrastruktur um ein Artefakt, also einen von den Menschen geschaffenen Eingriff in die natürliche Umwelt. Zu denken wäre an eine Verkehrsinfrastruktur, also beispielsweise Straßen, Gehwege, Brücken, Schienen, Schiffshebewerke, Flughäfen oder durch menschliche Eingriffe geschaffene Kanäle. Jedoch kann Infrastruktur auch durch natürliche Prozesse, ohne ein Zutun von Menschen entstehen. Exemplarisch für diese natürliche Infrastruktur seien Flüsse erwähnt, die direkt für die Schifffahrt genutzt werden können. Je weniger „entwickelt" eine Ökonomie ist, desto größer ist zumeist der Wert der natürlichen Infrastruktur. So wie sich bereits in der Antike die römische Armee bei ihren Expansionen, beispielsweise im damaligen Germanien, intensiv der Flussinfrastruktur bediente, so wären auch die Entdeckungsreisen der Naturforscher Alexander von Humboldt und Aimé Bonpland am Übergang vom 18. zu dem 19. Jahrhundert in Südamerika ohne die intensive Nutzung der dortigen Flüsse in der damals praktizierten Form nicht denkbar gewesen. Doch bleibt festzustellen, dass selbst die Verkehrsinfrastruktur zumeist auf menschlichen Eingriffen in die Umwelt beruht. Die Vielschichtigkeit des Begriffs Infrastruktur kann aber dazu führen, dass der Fokus jeweils auf unterschiedliche Teilbereiche geworfen wird und das „Ganze" dadurch aus den Augen gerät. Mitarbeiterinnen und Mitarbeiter (kommunaler und regionaler) Wirtschaftsförderungseinrichtungen sind gut beraten, wenn sie sich regelmäßig einen möglichst exakten Überblick über die Infrastruktur „ihres" Standortes verschaffen.

Doch was verbirgt sich hinter dem Begriff „Infrastruktur" in Kombination mit „Management"? Geht man im Internet auf die Suche nach „Infrastrukturmanagement", so stößt man auf Studienangebote unterschiedlicher Hochschulen, die „Infrastrukturmanagement" als Studiengang anbieten.

Dies zeigt, dass der Bereich des Infrastrukturmanagements von Bedeutung ist, und dies sowohl für die wirtschaftliche Entwicklung einer Region wie auch die Lebensqualität der Bürger.

Infrastrukturmanagement umfasst verschiedene Bereiche, hier soll auf die Infrastrukturbereiche Bezug genommen werden, die unmittelbare oder mittelbare Auswirkungen auf die wirtschaftliche Entwicklung einer Region haben. Dabei soll dargestellt werden, auf welche dieser Felder Einfluss genommen werden kann, direkt oder indirekt, und welche Spielräume den Akteuren aus Wirtschaft und Politik zur Verfügung stehen.

4.1 Infrastrukturen im Überblick

▶ **Infrastruktur** Im Gabler Wirtschaftslexikon heißt es sinngemäß: Bezogen auf die wirtschaftliche Tätigkeit in einer Volkswirtschaft gilt Infrastruktur als Einrichtung, die den Charakter einer Vorleistung hat. In Bezug auf die Grundausstattung einer Volkswirtschaft (eines Landes, einer Region) wird das Infrastrukturkapital zum volkswirtschaftlichen Kapitalstock gerechnet, die in der privaten Wirtschaftstätigkeit den Charakter von Vorleistung hat. Beispiele sind Verkehrswege (Straßen, Schienen und Wasserwege) und Ver- und Entsorgungseinrichtungen (Energie, Wasser, Kommunikationsnetze), die Voraussetzung für die Leistungserbringung oder Güterproduktion ist (wirtschaftsnahe Infrastruktur) (vgl. Gabler Wirtschaftslexikon, Stichwort Infrastruktur, 2016a).

Im Weiteren wird unterschieden in *materielle Infrastruktur*, die die Ausstattung der Volkswirtschaft mit materiellen Gütern versteht, und die *immaterielle Infrastruktur*, die im Wesentlichen die personale Infrastruktur umfasst wie das Bildungswesen, Forschungseinrichtungen, Gesundheits- und soziale Dienste.

Die *institutionelle Infrastruktur* bezieht sich u. a. auf die Rechts-, Wirtschafts- und Sozialordnung.

Eine weitere Beschreibung von Infrastruktur kommt von Stimson, die als „strategische Infrastruktur" bezeichnet wird (vgl. Stimson et al. 2006, S. 289). Hier wird unterschieden in harte, weiche und „smarte" Infrastrukturen. Nicht jede Infrastruktur ist strategisch. Strategische Infrastruktur kann über erhebliche Ressourcen verfügen, die naturgegebener, fiskaler, technologischer Art sind oder Humankapital. Diese ermöglicht es einer Region im Wettbewerb um Investitionen und Handel zu bestehen. Strategische Infrastruktur umfasst Elemente physischer Infrastruktur wie Produktionsbereiche, Logistik und Handel. Von wachsender Bedeutung in der strategischen Infrastruktur sind Netzwerke und strategische Partnerschaften (vgl. Stimson et al. 2006, S. 341). Netzwerke und strategische Partnerschaften können zur immateriellen Infrastruktur gezählt werden und basieren auf dem zielgerichteten Austausch von Informationen und dem Wissen der Akteure. Aus dem

Informationsaustausch können Allianzen zur Verbesserung der Wirtschaftsstruktur entstehen. Selbst kleine Schwächen in der strategischen Infrastruktur können erhebliche Auswirkungen auf die Wettbewerbsfähigkeit einer Region haben (vgl. Stimson et al. 2006, S. 291).

Merkmale der Infrastruktureinrichtungen sind der *Investitionscharakter*, und zwar i. d. R. in Form der Vorleistung, beispielsweise in Verkehrswegebau, leistungsgebundener Energieversorgung oder den Telekommunikationsnetzen. Auch Ausgaben für das Bildungswesen haben investiven Charakter oder Investitionen in Forschung und Entwicklung (F&E). Hier spricht man von Investitionen in das Humankapital. Der institutionellen Infrastruktur wie der allgemeinen Verwaltung, Rechtsprechung, etc. fehlt das Merkmal von Investitionsgütern.

Charakteristisch für alle Bereiche der Infrastruktur sind die lange Nutzungsdauer und damit die lange Kapitalbindung.

Weiterhin handelt es sich im Bereich der Infrastruktur um große Investitionsprojekte mit hohem Kapitalbedarf.

Infrastruktur ist i. d. R. nicht teilbar und nur schwer an den tatsächlichen Bedarfen bzw. der Nachfrage anpassbar und basiert dahingehend häufig auf festgestellter oder angenommener durchschnittlicher Inanspruchnahme. Die Leistung ist vorzuhalten, unabhängig von Schwankungen. Beispiel ist hier der ÖPNV.

Infrastruktur ist generell ein Kriterium der Attraktivität einer Region, sowohl im positiven (bspw. kann eine gut ausgebaute Infrastruktur zu höheren privaten und gewerblichen Grundstückspreisen führen) wie auch im negativen Sinne (wenn bspw. hohes Verkehrsaufkommen die Lebensqualität beeinträchtigt).

Die Nutzung von Infrastruktur kann sowohl unentgeltlich als auch entgeltlich sein.

Zu den unentgeltlichen Bereichen zählt in der Regel in Deutschland der Schulbereich, entgeltlich ist die Nutzung öffentlicher Ver- und Entsorgungsleistungen.

Im Allgemeinen nimmt man Infrastruktur als ein überwiegend öffentliches Gut wahr.

Eine privatwirtschaftliche Leistungserstellung ist jedoch nicht ausgeschlossen (Bsp.: Privatschulen, Privatuniversitäten, privat betriebene Autobahnen) (vgl. Gabler Wirtschaftslexikon, Stichwort Infrastruktur, 2016a) (Abb. 4.1).

Die allgemeine Auffassung ist, dass Infrastruktur bzw. die Bereitstellung von Infrastruktur vornehmlich Aufgabe des Staates ist.

Wirtschaftsnahe Modelle können auch privatwirtschaftlich Elemente enthalten oder Kooperationen zwischen der öffentlichen Hand und privaten Investoren.

Infrastrukturpolitik setzt sich zum Ziel, die Volkswirtschaft angemessen mit Einrichtungen der Infrastruktur zu versorgen (vgl. Gabler Wirtschaftslexikon, Stichwort Infrastrukturpolitik, 2016b). Vor dem Hintergrund der hohen Belastung öffentlicher Haushalte bestehen Möglichkeiten der Erbringung von Infrastrukturleistungen von privater Seite.

Dies kann in vollständigem Umfang geschehen (z. B. Flugsicherung, Deutsche Post) oder nur teilweise (z. B. Nebeneinander von öffentlichem und privatem Personenverkehr). Eine weitere Differenzierung liegt im Umfang der privaten Beteiligung: ausschließlich oder teilweise. So kann eine formale private Trägerschaft vorliegen, wenn die Leistung

4.1 Infrastrukturen im Überblick

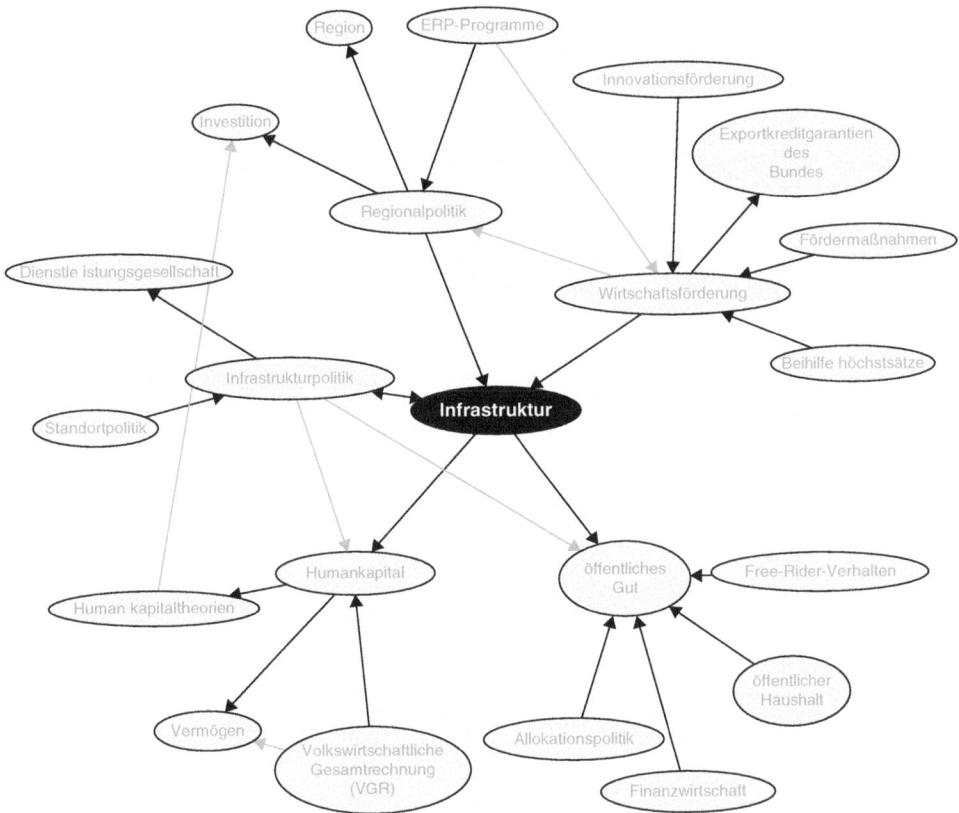

Abb. 4.1 Mindmap 1-Infrastrukur, Gabler Wirtschaftslexikon, Stichwort Infrastruktur, 2016a

von einem Unternehmen in privater Trägerschaft erbracht wird, das Unternehmen aber der öffentlichen Hand gehört und von dieser kontrolliert und eventuell auch subventioniert wird.

Handelt die private Seite auch nach erwerbswirtschaftlichen Prinzipien und trägt gegebenenfalls das unternehmerische Risiko, gewinnt dies materiellen Gehalt. Beispiele sind hier Betreibermodelle sowie Leasingmodelle. Bei Leasingmodellen können Infrastrukturprojekte von privater Seite finanziert und gebaut werden und von der öffentlichen Hand gemietet werden. Eine gemischt private/öffentliche Betriebsgesellschaft wird als Public Private Partnership bezeichnet (Abb. 4.2).

Ein herausragendes Beispiel von Infrastrukturpolitik waren die Maßnahmen in NRW beginnend in den 1960er-Jahren (vgl. Heinze et al. 1996).

Ausgehend von der Krisenbewältigung in der Steinkohlewirtschaft wurden verschiedene Überlegungen und Aktivitäten zur Krisenbewältigung angestellt, um die vom Steinkohleabbau geprägte Region den Wandel zu alternativen Energieträgern zu gestalten (vgl. Heinze et al. 1996).

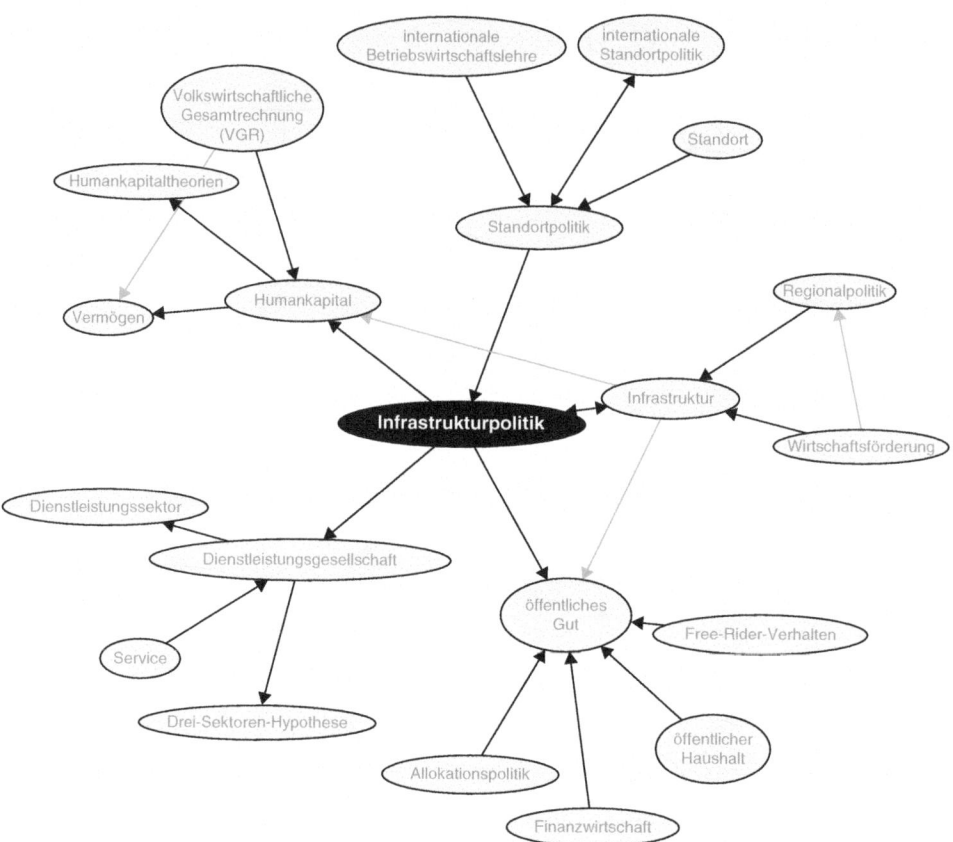

Abb. 4.2 Mindmap 2-Infrastrukturpolitik, Gabler Wirtschaftslexikon, Stichwort Infrastrukturpolitik, 2016b

„Im Zentrum dieses strukturpolitischen Programms von 1968 stand die Schaffung neuer Industriearbeitsplätze im Ruhrgebiet. Dies sollte im Wesentlichen durch verschiedene Infrastrukturmaßnahmen erreicht werden. Darunter fielen insbesondere die Erweiterung des Straßennetzes durch den Bau von Bundesfernstraßen und Landstraßen, der Ausbau des Nahverkehrsnetzes mit neuen S-Bahn-Linien und städtebauliche Maßnahmen, die einer Zersiedelung des Ruhrgebietes entgegenwirken sollten. Große Summen gingen auch in den Bildungsbereich. Langfristiges Ziel war es in den Universitätsbau im Ruhrgebiet zu investieren und das Schulsystem des Landes auszubauen. Der Steigerung der Lebensqualität wurde durch den Aufbau regionaler Erholungseinrichtungen Rechnung getragen. Ein weiterer Bestandteil des Entwicklungsprogramms Ruhr waren Sozialleistungen für die von Zechenstilllegungen betroffenen Arbeitnehmer. Aus Mitteln des Bundes wurden vor allem Abfindungen und Anpassungshilfen finanziert. Daneben ergriff die Landesregierung Maßnahmen zur Umschulung und Weiterbildung der betroffenen Arbeitnehmer" (vgl. Heinze et al. 1996, S. 17 f., siehe auch Abb. 4.3).

4.1 Infrastrukturen im Überblick

Abb. 4.3 „Collage mit Zeitungsüberschriften aus dieser Zeit, die die Dringlichkeit einer aktiven Strukturpolitik unterstreichen" Heinze et al. (1996, S. 18)

Bemerkenswert ist die Entwicklung der strukturpolitischen Maßnahmen (vgl. Heinze et al. 1996, S. 19 f.).

Zielte das Entwicklungsprogramm Ruhr noch auf die Bewältigung der Krise an der Ruhr ab, war das NRW-Programm der Jahre 1971 bis 1975 auf eine räumliche, zeitliche und finanzielle Konzeption ausgerichtet, die das ganze Bundesland umfasste. Neben der Subventionierung des Kohleabbaus war der Anspruch, „…entscheidende strukturelle Veränderungen vorzunehmen…" (Heinze et al. 1996, S. 19 f.) Finanzielle Mittel flossen in Bildung, Ausbildung und Forschung.

Im bevölkerungsreichsten Bundesland wurde erheblich in die Verkehrsinfrastruktur investiert (vgl. Heinze et al. 1996, S. 39 ff.): Nicht nur der Straßenbau, auch der Ausbau des Nahverkehrssystems wurde vorangetrieben durch Verkehrsverbände. Internationale Flughäfen und Regionalflughäfen decken Bedarfe der weiter Reisenden, aber auch der Exportwirtschaft, ab (vgl. Abb. 4.4).

Management Die Infrastruktur zu „managen" bedarf der Erklärung, da der Begriff „Management" per Erläuterungen des Gabler Wirtschaftslexikons zunächst nur schwer

Eckpunkte nordrhein-westfälischer Strukturpolitik				
	NRW-Programme	wichtige Ereignisse	Strukturentwicklung	Gestaltungsphilosophie
1960		Kohlekrise		
1968	Entwicklungsprogramm Ruhr Nordrhein-Westfalen-Programm	Ruhrkohle AG Gemeinschaftsaufgabe Verbesserung der regionalen Wirtschaftsstruktur	Beschäftigung sinkt Bevölkerungsabnahme Industrie > 50%	Probleme auffangen, Infrastruktur entwickeln
1974		1. Ölpreiskrise Stahlkrise		
1979	Aktionsprogramm Ruhr	2. Ölpreiskrise Stahlmoderatoren	Arbeitslosigkeit steigt	technologische Impulse für neue Produkte und Dienstleistungen
1987	Zukunftsinitiative Montanregionen Zukunftsinitiative fur Regionen NRWs Landesinvestitions-programm	Kohlerunde	Beschäftigung steigt Bevölkerungsanstieg Dienstleistungen > 50%	dezentraler Dialog und Kooperation als Leitbilder
1991	Handlungsrahmen Kohlegebiete	Kohlerunde		
1994	Gemeinschaftsaktion Industriestandort NRW		Arbeitslosigkeit steigt	

Abb. 4.4 Anlage „Eckpunkte nordrhein-westfälischer Strukturpolitik" (Heinze et al. 1996, S. 41)

4.2 Positionsbestimmung im Feld von Infrastruktur

mit dem Begriff der Infrastruktur zu kombinieren ist (vgl. Gabler Wirtschaftslexikon, Stichwort Management, 2016c, siehe auch Abb. 4.5.

Als Begriff aus dem angloamerikanischen Raum kommend versteht man unter Management die Leitung eines Unternehmens.

Bezogen auf die Infrastruktur ist davon auszugehen, dass unter Infrastrukturmanagement die aktive Gestaltung der Infrastrukturen definiert ist.

4.2 Positionsbestimmung im Feld von Infrastruktur

Jeder Standort, an dem wirtschaftliche Tätigkeit stattfindet, hat seine spezifischen Ausprägungen in Bezug auf die Infrastruktur.

Zu klären wäre, welche Infrastruktur entwickelt werden kann, und welche nicht und zu welchem Ziel.

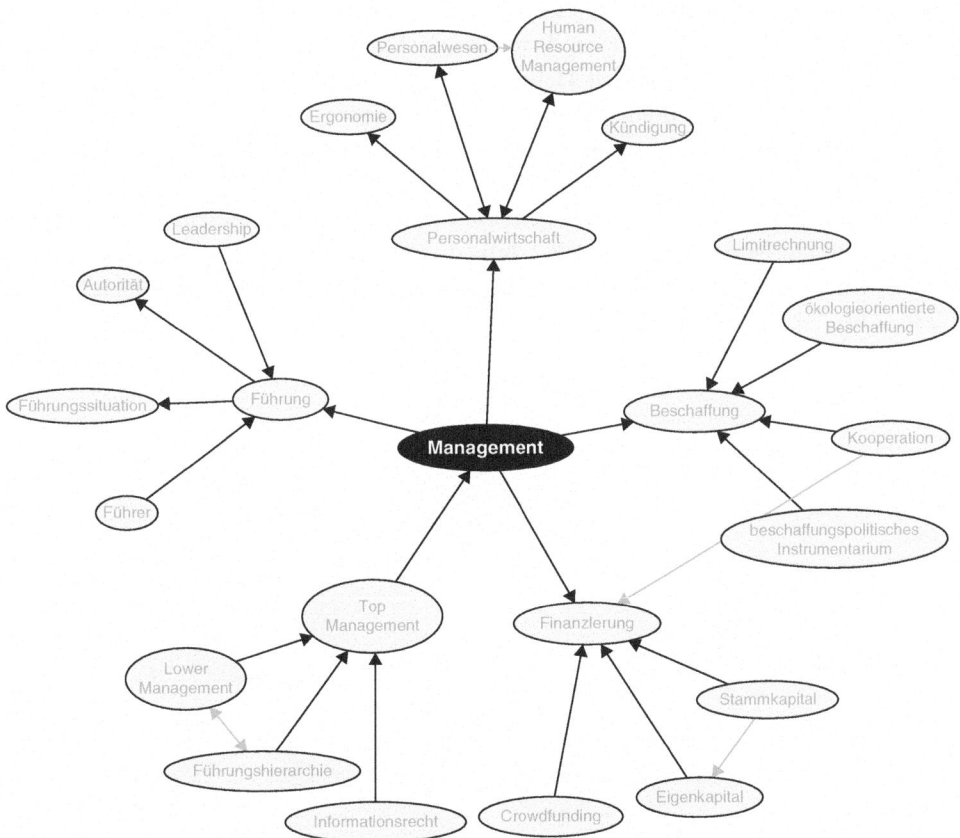

Abb. 4.5 Mindmap 3-Management, Gabler Wirtschaftslexikon, Stichwort Management, 2016c

Nach Dallmann und Richter (2012, S. 217 ff.) wird unterschieden in technische und soziale Infrastruktur (vgl. Abb. 4.6). Die technische Infrastruktur umfasst dabei Einrichtungen der Verkehrs- und Nachrichtenübermittelung, der Energie- und Wasserversorgung, sowie der Entsorgung.

Die soziale Infrastruktur umfasst dabei Schulen, Krankenhäuser, Sport- und Freizeiteinrichtungen, Einkaufsstätten und kulturelle Einrichtungen (vgl. Dallmann und Richter 2012, S. 217). Der relative Wert der sozialen Infrastruktur kann für unterschiedliche Individuen höchst unterschiedlich sein. Dabei gibt es deutliche Verbindungen zu deren soziokulturellem Habitus. Je nach sozialer Lage, Bildungsabschluss, Einkommen und Eingebundenheit in soziale Gruppen und Organisationen kommt es zumeist zu einer differenzierten Raumnutzung in Verbindung mit der im Raum angesiedelten Infrastruktur. Exemplarisch seien die diesbezüglichen Studien des französischen Soziologen Pierre Bourdieu erwähnt (1996, S. 206 ff.).

Bei der Frage der Positionsbestimmung im Feld von Infrastruktur ist das „Machbare" nicht aus den Augen zu verlieren. So sprechen Dallmann und Richter (2012, S. 218 f.) davon, dass natürliche Gegebenheiten eines Standortes verortete sind – genannt wird das Beispiel, dass sich im Mittelgebirge kein Kanal verlegen lässt oder in dünn besiedelten Gebieten keine ICE-Strecke oder ein Autobahnanschluss. Weitere Aspekte, die die Positionierung beeinflussen, sind nach Dallmann und Richter (2012, 2019) der restriktive Faktor der Finanzen sowie politische und rechtliche Hürden.

Nach Dallmann/Richter müssen „…Infrastrukturmaßnahmen durch die Orientierung an deren Nachfrage gesteuert werden…" (Dallmann und Richter 2012, S. 219).

Die Positionsbestimmung im Feld der Infrastruktur bedarf der Feststellung wesentlicher Infrastrukturbereiche. Anhand der Infrastrukturbereiche kann das Vorhandensein von Infrastrukturen erfasst werden (siehe Tab. 4.1, vgl. Dallmann und Richter 2012, S. 220–229).

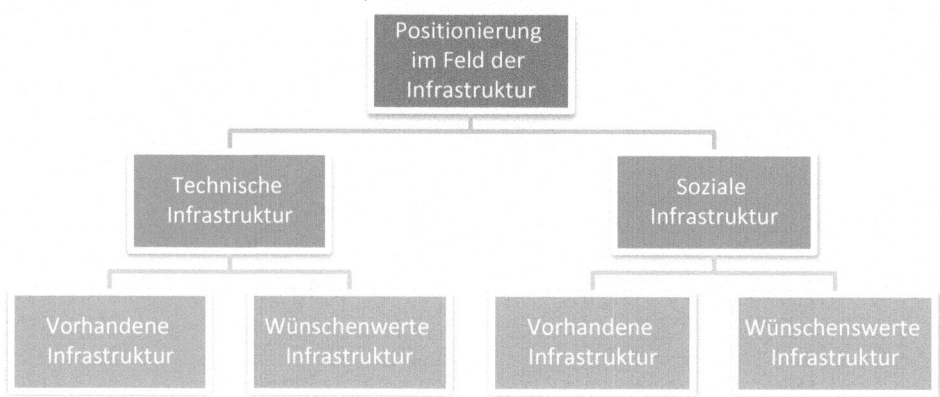

Abb. 4.6 Mindmap-Positionierung im Feld der Infrastruktur

4.2 Positionsbestimmung im Feld von Infrastruktur

Tab. 4.1 Tabellen „Positionsbestimmung"

	Vorhanden	Ausbaustufe	Handlungsbedarf
Verkehr			
Straßen (Kfz)			
Wasserstraßen			
Eisenbahn			
Flughäfen			
ÖPNV-Netz			
Tankstellen			
Gastankstellen			
Internet & Mobilfunk			
Bandbreite			
Zuverlässigkeit			
Preis			
Anbieterzahl			
Signalstärke (Funk)			
Bandbreite (Funk)			
Ver- und Entsorgung			
Strom			
Erdgas			
Wasser			
Anschlussgebühren			
Innovative Modelle der Energieversorgung			
Windkraft			
Solarenergie			
Wasserkraft			
Bildungsinfrastruktur			
Grundschulen			
Hauptschulen			
Realschulen/Realschule plus			
Gymnasium			
Berufsbildende Schulen			
Meisterschulen			
Hochschulen			
Universitäten			
Kinderbetreuung			
Kinderkrippe (staatl./kirchl.)			
Kindergärten			
Kindertagesstätten			
Private Kinderbetreuung			
Betriebliche Einrichtungen			

(*Fortsetzung*)

Tab. 4.1 (Fortsetzung)

	Vorhanden	Ausbaustufe	Handlungsbedarf
Dienstleistungen			
(Fach-) Anwaltskanzeleien			
Wirtschaftsprüfungsgesellschaften			
Ingenieurbüros			
Unternehmensberatungen			
Werbe/PR-Agenturen			
Gebäudereinigung/Facility Management			
Krankenhäuser			
Allgemeinärzte			
Fachärzte			
Handwerksbetriebe			
Vereine			
Kulturelle Einrichtungen			
IHK			
HWK			
Volkshochschulen			
Hotellerie			
Gastronomie			
Einzelhandel			
Verwaltung, Recht, öffentliche Sicherheit			
Amtsgericht			
Landgericht			
Sozialgericht			
Polizeipräsenz			
Behörden			
Legende	Ja	1 – Sehr gut	
	Nein	3 – Mittelmäßig	
		5 – Schlecht	

Die bereits beschriebene „strategische Infrastruktur" spielt eine entscheidende Rolle in der wirtschaftlichen Entwicklung und Wettbewerbsfähigkeit einer Region (vgl. Stimson et al. 2006, S. 289). Zur Messbarkeit der Wettbewerbsfähigkeit kann das Rahmenwerk der Wettbewerbsfähigkeit des „World Economic Forum" (WEF) herangezogen werden (Abb. 4.7).

Die wichtigsten Infrastrukturfaktoren, die zur Wettbewerbsfähigkeit beitragen, können identifiziert werden. Auch ist eine Evaluierung und Vergleichbarkeit für verschiedene Industriesektoren möglich. Fußend auf dieser Analyse können zwei weitere Indizes entwickelt werden:

4.3 Wirtschaftsförderung und Infrastrukturmanagement

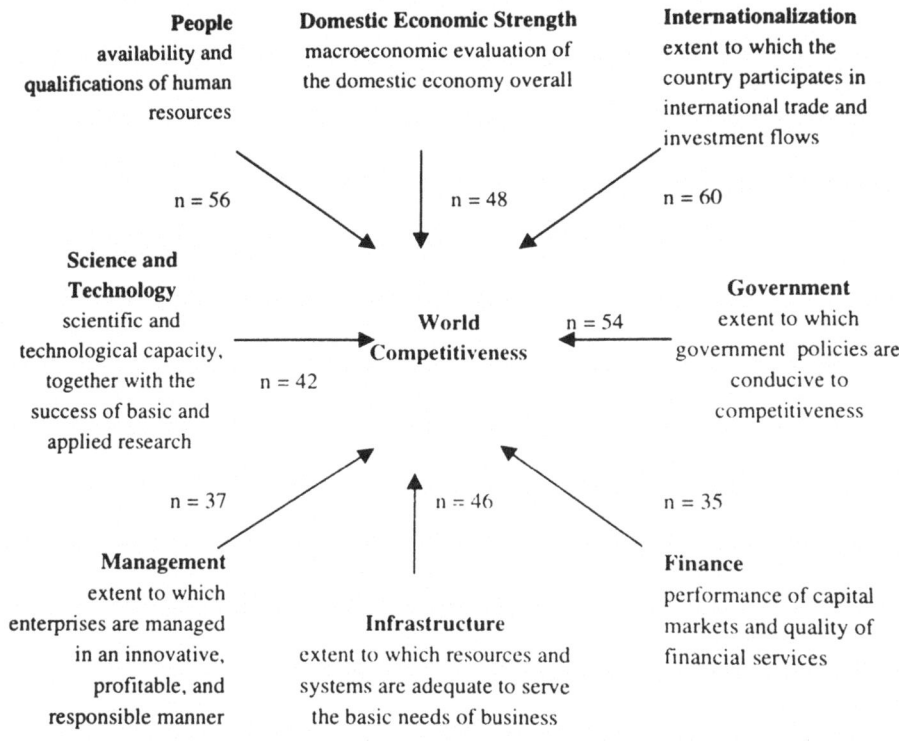

Abb. 4.7 Wettbewerbsfähigkeit nach Stimson et al. (2006, S. 290)

- Ein Index zur Messung der industriellen strategischen Infrastruktur-Wettbewerbsfähigkeit
- Ein Index zur Messung der Faktoren der strategischen Infrastruktur-Wettbewerbsfähigkeit

Diese Indizes zeigen die stärksten Elemente der strategischen Infrastruktur, die den regionalen Entwicklungsprozess unterstützen.

Der zweitgenannte Index unterstützt die Entwicklung von Marketingstrategien einer Region, die auf die Alleinstellungsmerkmale einer Region abheben und somit einen Wettbewerbsvorteil bringen. Zudem können Priorisierungen bei Infrastrukturinvestitionen aufgezeigt werden. Die Identifizierung der hauptsächlichen strategischen Infrastrukturfaktoren ist insbesondere hilfreich für Investoren, die auf der Suche nach passenden regionalen Industrieinvestments sind (vgl. Stimson et al. 2006, S. 28).

4.3 Wirtschaftsförderung und Infrastrukturmanagement

Die Ansiedelung von Unternehmen und die optimale Entwicklung von bereits bestehenden Unternehmen sind Kernaufgaben der Wirtschaftsförderungseinrichtungen in den jeweils betreuten Regionen. In der Regel sind die Bereiche der Infrastrukturen weitgehend festgelegt, doch versteht sich die „Wirtschaftsförderung als Moderator" (vgl. Dallmann und Richter 2012, S. 219). Geht man von dieser Moderatorenfunktion aus, so versteht sich die Wirtschaftsförderung als „Lobbyist" der Unternehmen, denen beste Voraussetzungen für die wirtschaftliche Entwicklung geboten werden sollen, um die Region in eine prosperierende Zukunft zu führen.

Je nach Rechts- und Organisationsform haben Wirtschaftsförderungseinrichtungen Einfluss auf politische Entscheidungen, die Infrastrukturmaßnahmen mit einschließen.

Geht man davon aus, dass das Vorhandensein einer attraktiven Verkehrsinfrastruktur eine entscheidende Voraussetzung, sowohl für ansiedlungswillige Unternehmen, sowie für bereits vorhandene Betriebe ist, kann eine öffentlich-private Partnerschaft sinnvoll sein. Grundgedanke angesichts leerer Kassen der öffentlichen Hand ist, privates Kapital für öffentliche Investitionen zu gewinnen (vgl. INFRA Dialog 2016). Dieses als „Public-Private-Partnership" (PPP) gezeichnete Modell, also eine öffentlich-private Partnerschaft, lässt die öffentliche Hand ein Bauvorhaben ganz oder teilweise von privaten Unternehmen finanzieren und das Projekt in aller Regel dann auch von dem Partner betreiben (vgl. INFRA Dialog 2016). Neben der Verkehrsinfrastruktur können sich die Leistungen der Wirtschaftsförderungseinrichtungen auf Gewerbe- und Büroflächen, auf Immobilien und auf das Standortmanagement beziehen.

Ein gutes Beispiel dafür bietet der Internetauftritt der Wirtschaftsförderung Siegen (siehe Abb. 4.8).

Eine tragende Rolle können die Wirtschaftsförderungseinrichtungen bei der Analyse der Faktoren der Infrastruktur spielen (vgl. Stimson et al. 2006, S. 298, 299). So können durch Wirtschaftsförderungseinrichtungen festgestellte Faktoren zur Infrastruktur auf Basis einer „Multisector-Analysis MSA" (vgl. Stimson et al. 2006, S. 281 ff.) anhand von drei Modellen untersucht werden:

- Erhebungsbefragung
- Fachgremien
- einer Mischung aus Befragung und Fachgremien

Der MSA-Ansatz von Stimson et al. (2006, S. 808) setzt sich zum Ziel, ein Instrument zur Analyse der Wettbewerbsfähigkeit einer Region, die auch die Infrastruktur einschließt, den Handelnden an die Hand zu geben. Es soll den Wirtschaftsförderungseinrichtungen Leitlinien geben, um diese in die Lage zu versetzen Strategien zu entwickeln. Dabei setzt sich MSA aus der Anwendung verschiedener Methoden zusammen. Es beginnt mit der Diskussion der Analysetechniken zur Ausgestaltung des Rahmenwerks für die einzelnen Elemente der MSA-Methode. Danach erfolgt die Diskussion der Hauptaspekte der Wettbewerbsfähigkeit der Region und den Risiken, die möglicherweise durch MSA analysiert werden. Fallstudien sollen den MSA-Ansatz in der praktischen Anwendung zeigen. Vorteil des MSA-Ansatzes ist die Unterstützung und Verbesserung der Industrie-Cluster-Strategie.

4.3 Wirtschaftsförderung und Infrastrukturmanagement

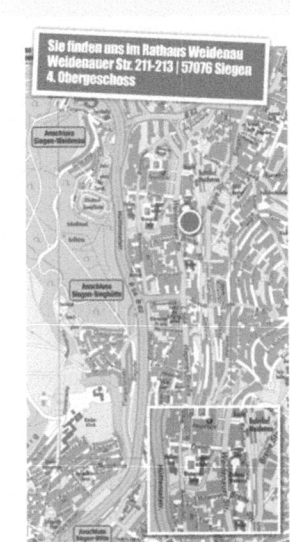

Abb. 4.8 „Flyer Wirtschaftsförderung Siegen"

Die Bereitstellung von Infrastruktur ist ein wesentlicher Aspekt, um wirtschaftliche Entwicklung zu ermöglichen.

Zur Lokalisierung des Infrastrukturmanagements im Wirtschaftskreislauf einer Region soll das Modell von Lannon 2001 [aus: Stimson et al. 2006, S. 8] herangezogen werden (siehe Abb. 4.9).

In dem Modell geht man davon aus, dass die Entwicklung der regionalen Wirtschaft durch Investitionen, Produktion, Beschäftigung, Arbeitseinkommen und Unternehmensgewinnen sowie dem Konsum getragen wird (vgl. Stimson et al. 2006, S. 8). Investitionen speisen sich vornehmlich aus zwei Quellen:

- extern zufließendes Kapital aus Exporten, Subventionen, externen Investoren und zurückgeführten Gewinnen
- internes Kapital fließt durch Vermögenswerte, Dividenden, Sparguthaben, Arbeits- und Sozialleistungen

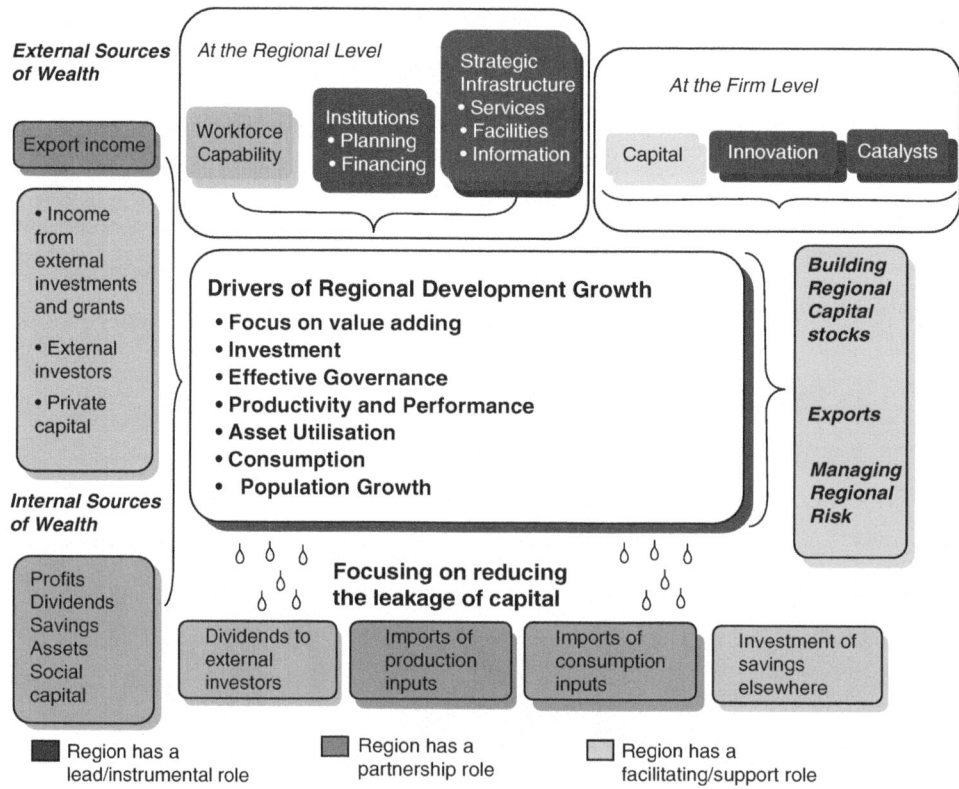

Abb. 4.9 Modell eines regionalen Wirtschaftsentwicklungsprozesses

4.3 Wirtschaftsförderung und Infrastrukturmanagement

Um die wirtschaftliche Entwicklung erst möglich zu machen, sind Voraussetzungen zu schaffen, um eine wettbewerbsfähige Umwelt zu schaffen, die die regionale Entwicklung und Investitionen unterstützt. Diese sind das Vorhandensein einer adäquaten Arbeitnehmerschaft, effektiv arbeitende Verwaltungsstrukturen, eine gut ausgebaute Infrastruktur sowie ein funktionierendes Finanz- und Logistiksystem. Diese Elemente zusammengenommen, in ihrer freien Verbindung, können als „strategische Infrastruktur" bezeichnet werden (vgl. Stimson et al. 2006, S. 8). Die politisch Verantwortlichen und Institutionen sind gehalten, diese strategische Infrastruktur als Voraussetzung für die wirtschaftliche Entwicklung aufzubauen. Im Weiteren besteht die Notwendigkeit von gut ausgebauten Netzwerken, die auf Innovationen und die Vermarktung neuer Produkte und Dienstleistungen fokussiert sind.

Diese Aktivitäten gehen überwiegend vom privaten Sektor aus (vgl. Stimson et al. 2006, S. 9). Stimson et al. (2006, S. 46 f.) gehen davon aus, dass der Wandel hin zu globalisierten Wirtschaftsverflechtungen die Notwendigkeit einer neuen strategischen Ausrichtung für Regionen ergibt.

Faktoren wie die Herausbildung von Kompetenzen, die Entwicklung von Humankapital, strategische Führerschaft, Managementkompetenzen, Marktanpassung, die Versorgung von strategischer Infrastruktur, Entwicklung eines Risikomanagements und Nachhaltigkeit müssen beachtet werden.

Im Weiteren stellen die Autoren fest: „Es existieren vier Triebkräfte der regionalen Entwicklung, die einen entscheidenden Einfluss auf Art und Geschwindigkeit der wirtschaftlichen Entwicklung haben, sowie auf deren Nachhaltigkeit: Handeln der öffentlichen Hand, Infrastruktur, verstärkende Teilnehmer, Geschäftstätigkeit" (freie Übersetzung des Autors aus: Stimson et al. 2006, S. 86,87) (Abb. 4.10).

Alle vier Elemente müssen installiert werden: Der Aufbau von Strukturen für behördliches Handeln, Investitionen in die Infrastruktur, Netzwerke und Mediatoren, Entwicklung von Geschäftsfeldern und Märkten.

Die Elemente beeinflussen und bedingen sich gegenseitig (vgl. Stimson et al. 2006, S. 87) (Abb. 4.11).

> **Fallstudie nach Stimson et al. (2006, S. 92–95)**
> In der Fallstudie der Region Cairns, im nördlichen Teil von Queensland (Australien) gelegen, wird die Bedeutung infrastruktureller Entscheidungen auf strategischer Ebene deutlich.
>
> In den 1960er-Jahren war die Region Cairns (Größe ca. 50.000 km^2) eine rückständige Agrarregion.
>
> Anfang der 1980er-Jahre fand eine erstaunliche Entwicklung statt, die durch strategisches Infrastrukturmanagement getrieben wurde.
>
> Der Bau eines internationalen Flughafens, der 1984 eröffnet wurde, führte dazu, dass Cairns eine der am schnellsten wachsenden Wirtschaftsregionen Australiens wurde.

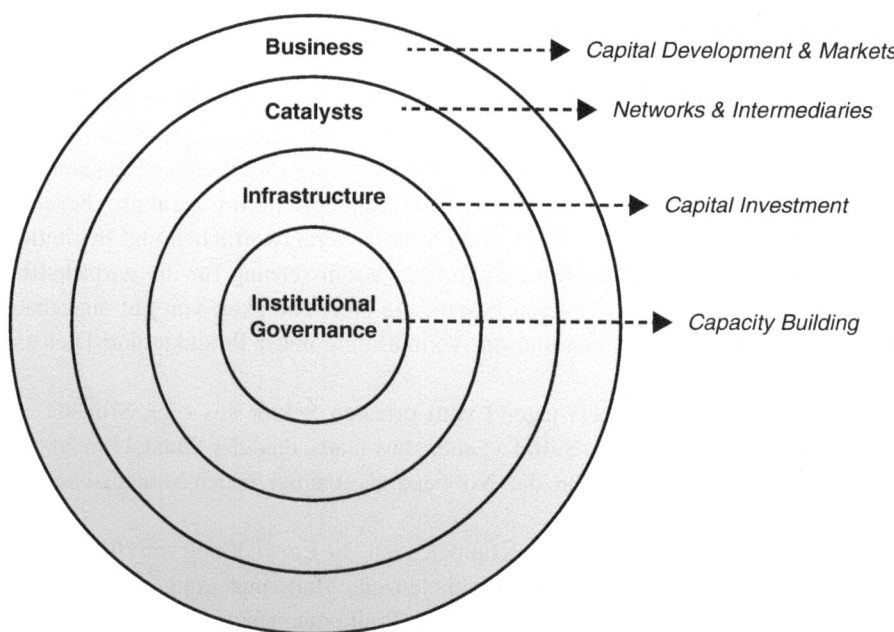

Abb. 4.10 Rahmen für nachhaltige Regionalentwicklung Stimson et al. (2006, S. 86)

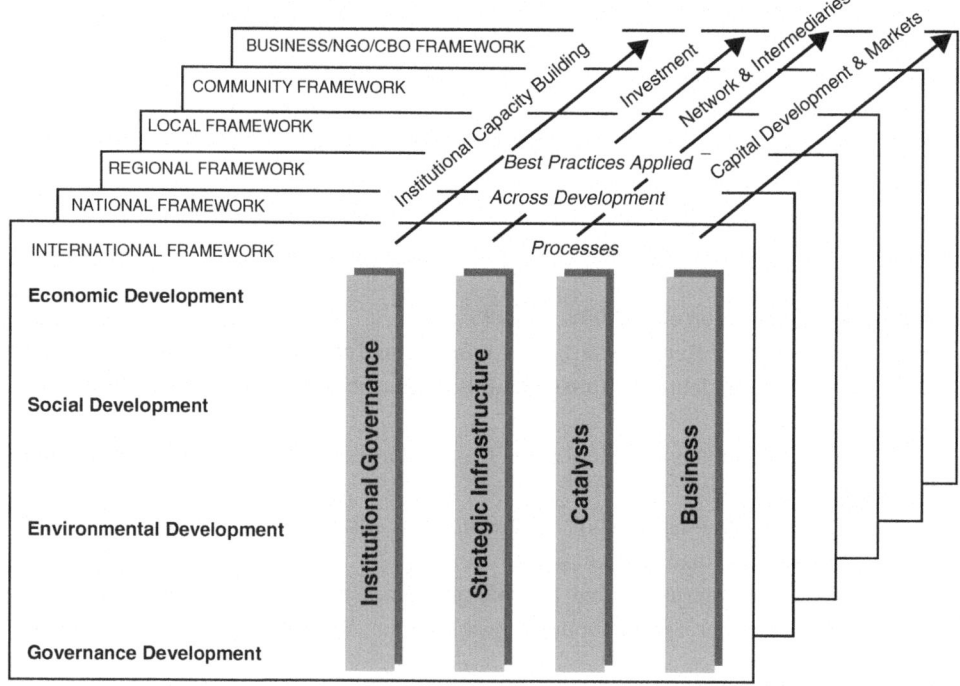

Abb. 4.11 Gesamtrahmen für die Verwendung von Best Practice für Regionalentwicklung Stimson et al. (2006, S. 88)

4.3 Wirtschaftsförderung und Infrastrukturmanagement

1990 kam es zum Kollaps, ausgelöst durch einen nationalen Pilotenstreik, dem Ausbleiben japanischer Investitionen in den Tourismussektor und einer globalen Rezession.

1992 wurde gegengesteuert: Ziel war es, Voraussetzungen für eine nachhaltige Entwicklung zu schaffen, die Schlüsselinitiative war die CREDS-Cairns Regional Economic Development Strategy und die Schaffung des CREDC-Cairns Regional Economic Development Corporation für die Umsetzung der Strategie.

Das Ergebnis: Seit Mitte der 1990er-Jahre hat die Region ihre Wirtschaft diversifiziert und restrukturiert. Neben dem erfolgreichen Tourismus mit einem Anteil von 20 % steuert der nationale und internationale Handel mit 45 % zum Wirtschaftsleben bei.

Die Mindmap (Abb. 4.12) macht deutlich, dass eine erfolgreiche Umsetzung strategischer Planungen der Verbindung und des Zusammenwirkens von technischer und sozialer Infrastruktur bedarf.

Doch die Umsetzung strategischer Infrastrukturmaßnahmen bedarf „Agents of Change" – „Akteure des Wandels" (vgl. Stimson et al. 2006, S. 224,225). Zweifelsohne zählen Wirtschaftsförderungseinrichtungen zu diesen Akteuren – neben den Vertretern aus Politik, Verwaltung, den Marktakteuren wie Unternehmern und Dienstleistern und institutioneller Vertreter etwa der Kammern.

Im Netzwerk sind diese in der Lage, strategische Infrastrukturmaßnahmen umzusetzen und nachzuhalten.

Die Wirtschaftsförderungseinrichtungen sind beteiligt an der „strategischen Architektur", die für die Bereitstellung der Infrastruktur zur Umsetzung der strategischen Planung notwendig ist (vgl. Stimson et al. 2006, S. 229, siehe Abb. 4.13).

Liegt die Entwicklung von Industrieclustern in der strategischen Planung, so ist eine Aufgabe die strategische Infrastruktur zu identifizieren, die notwendig ist zur Schaffung

Abb. 4.12 Integrierter Regionalentwicklungsplan vgl. Stimson et al. (2006, S. 95)

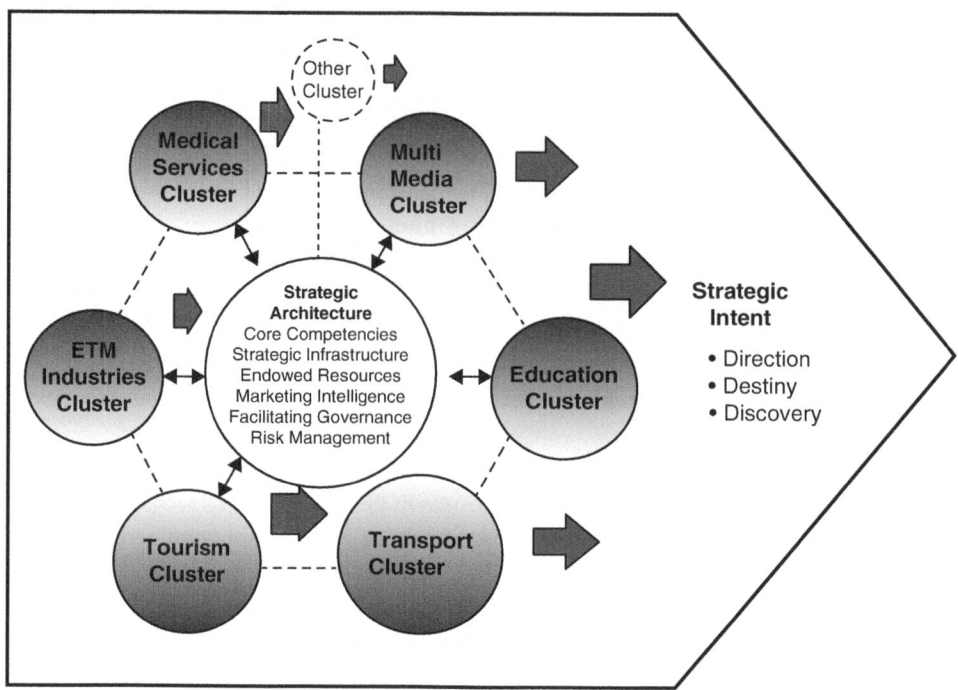

Abb. 4.13 Strategische Architektur vgl. Stimson et al. (2006, S. 232)

der Industriecluster (vgl. Stimson et al. 2006, S. 251 f.). Dies kann umgesetzt werden durch „multi-sectoral infrastructure planning (MSIP)". Dabei reicht es nicht aus, nur physikalische Infrastruktur zu schaffen, notwendig ist „smart infrastructure" wie Entwicklungslabore, Marktanalyseeinheiten und lernende Gesellschaften (vgl. Stimson et al. 2006, S. 252).

Gerade bei der Initiierung von Netzwerks- und Clusterstrukturen können Wirtschaftsförderungseinrichtungen wesentliche Impulse geben und beispielsweise beim Aufbau einer auf Kooperation abstellenden Infrastruktur mithelfen. Exemplarisch seien hier nur zahlreiche Cluster, beispielsweise in der Metall-, Textil- und IT-Branche in der Region Kaiserslautern erwähnt, die von der Wirtschaftsförderungsgesellschaft Stadt und Landkreis Kaiserslautern teilweise organisiert und moderiert werden (vgl. Pongratz und Vogelgesang 2013, S. 288).

Resümee

Unter der Vielzahl von Standortfaktoren kommt der Infrastruktur für die ökonomische Potenz und Entwicklung eines Standortes eine bedeutende Rolle zu. Die Vielschichtigkeit des Begriffs kann aber dazu führen, dass der Fokus jeweils auf unterschiedliche Teilbereiche geworfen wird und das „Ganze" dadurch aus den Augen gerät. Mitarbeiterinnen und

Mitarbeiter (kommunaler und regionaler) Wirtschaftsförderungseinrichtungen sind gut beraten, wenn sie von Zeit zu Zeit eine möglichst systematische Analyse und Beschreibung der in ihrer Region vorzufindenden Infrastruktur vornehmen. Die in Abb. 4.6 „Mindmap-Positionierung im Feld der Infrastruktur" vorgestellte Tabelle mag dazu eine erste Orientierung geben. Mittels dieser Infrastrukturanalysen können mögliche Defizite, u. a. gegenüber politischen Entscheidungsträgern gezielt angesprochen werden. Umgekehrt können die infrastrukturellen Stärken, beispielsweise gegenüber externen Investoren, offensiv kommuniziert werden. Dies bietet eine günstige Basis für ein erfolgreiches Standortmarketing.

Kontroll- und Lernfragen

- Welche Beziehung nehmen Standortfaktoren und Infrastruktur zueinander ein?
- Welche Rolle nimmt der Staat beim „managen" von Infrastruktur ein?
- Wie kann man Infrastruktur messen und bewerten?
- Weshalb ist die Infrastruktur bedeutsam für die Entwicklung von Wirtschaftsräumen?
- Wie können Mitarbeiterinnen und Mitarbeiter an der Verbesserung der sie umgebenden Infrastruktur mitarbeiten?

Literatur

Bourdieu, P. (1996). *Die feinen Unterschiede. Kritik der gesellschaftlichen Urteilskraft*. Frankfurt am Main: Suhrkamp-Taschenbuch-Wissenschaft.

Dallmann, B., & Richter, M. (2012). *Handbuch der Wirtschaftsförderung. Praxisleitfaden zur kommunalen und regionalen Standortentwicklung*. München: Haufe-Lexware GmbH & Co. KG.

Heinze, R. G., Helle, E., Hilbert, J., Nordhause-Janz, J., Nowak, N., Potratz, W., & Scharfenorth, K. (1996). *Strukturpolitik zwischen Tradition und Innovation – NRW im Wandel*. Opladen: Leske + Budrich.

INFRA Dialog. (2016). Eine nicht unumstrittene Finanzierungslösung. http://www.damit-deutschland-vorne-bleibt.de/Blickpunkt/Politik/04346/Artikel/PPP--eine-nicht-unumstrittene-Finanzierungsloesung/03877. Zugegriffen am 18.01.2016.

Pongratz, P., & Vogelgesang, M. (2013). Cluster-Strukturen und Cluster-Management am Beispiel der Region Kaiserslautern. In F.-R. Habbel & J. Stember (Hrsg.), *Wissenstransfer zwischen Hochschule und Kommune* (Forschungsbeiträge zum Public Management, Bd. 6, S. 281–300). Berlin: Lit Verlag Dr. W. Hopf. (Hrsg.). Fachbereich Verwaltungswissenschaften der Hochschule Harz.

Springer Gabler Verlag (Hrsg.). (2016a). *Gabler Wirtschaftslexikon. Stichwort Infrastruktur*. 35/Archiv/54903/infrastruktur-v9.html. Zugegriffen am 22.05.2016.

Springer Gabler Verlag (Hrsg.). (2016b). *Gabler Wirtschaftslexikon. Stichwort Infrastrukturpolitik*. 35/Archiv/57325/infrastrukturpolitik-v7.html. Zugegriffen am 22.05.2016.

Springer Gabler Verlag (Hrsg.). (2016c). *Gabler Wirtschaftslexikon. Stichwort Management*. 35/Archiv/55279/management-v9.html. Zugegriffen am 22.05.2016.

Stimson, R. J., Stough, R. R., & Roberts, B. H. (2006). *Regional economic development. Analysis and planning strategy*. Berlin/Heidelberg/New York: Springer.

Flächen- und Immobilienmanagement 5

▶ **Zusammenfassung** Ein hinreichend großes Angebot an für Unternehmen nutzbaren Flächen und Immobilien ist existenziell für die Weiterentwicklung einer Wirtschaftsregion. Dazu ist insbesondere die Implementierung eines leistungsstarken Flächeninformationssystems und Flächenmanagements notwendig. Zentrale Aufgabe der Wirtschaftsförderungseinrichtungen ist es, u. a. die sich abzeichnenden Flächenangebote mit den nachgefragten Flächen in Beziehung zu bringen, und bei sich abzeichnenden Knappheiten konstruktive Lösungen zu entwickeln. Dazu gehört auch eine professionelle Flächenentwicklung, beispielsweise durch die Ausweisung neuer Flächen oder aber durch eine Nachverdichtung und Umnutzung. Die Vermarktung der Flächen erfolgt oftmals durch das Zusammenspiel zahlreicher Akteure wie Bundesanstalt für Immobilienaufgaben, politischen Gremien und Akteuren sowie der kommunalen Wirtschaftsförderung. Fächen- und Immobilienmanagment bedürfen zu ihrer erfolgreichen Umsetzung möglichst exakter Kenntnisse über die derzeitige und zukünftige Nachfragen und Angebot an Flächen und Immobilien.

Lernziele
Das Kapitel vermittelt den Studierenden einen fundierten Einblick in die das Flächen- und Immobilienmanagement als eine der zentralen Aufgaben kommunaler Wirtschaftsförderungseinrichtungen. Neben den dabei relevanten gesetzlichen Bestimmungen für die Ausweisung neuer Flächen erhalten die Studierenden auch eine Vorstellung von den in die Vermarktung kommunaler Flächen involvierten Akteure.

5.1 Flächen- und Immobilienmanagement in der Wirtschaftsförderung

Eine zentrale Aufgabe der Wirtschaftsförderungseinrichtungen ist es, bestmögliche Voraussetzungen für Ansiedlung neuer Unternehmen zu schaffen bzw. bestmögliche Voraussetzungen für die Erweiterung bereits bestehender Unternehmen.

„Als zentrale Standortfaktoren werden von Experten vor allem genannt:

- die Qualifikation der Arbeitnehmer, also die Qualität von Schulen, Ausbildung und beruflicher Weiterbildung, die Leistungsfähigkeit von Forschungseinrichtungen sowie der Austausch und Wissenstransfer von Wirtschaft und Wissenschaft,
- monetäre Standortfaktoren, wie Steuern, Subventionen, Lohnkosten etc.,
- das Image eines Wirtschaftsstandorts,
- die Balance zwischen guten wirtschaftlichen Rahmenbedingungen und dem Schutz natürlicher Ressourcen sowie sozialer Absicherung,
- zahlreiche weiche Standortfaktoren, welche die Lebensqualität einer Region prägen, so zum Beispiel attraktive Wohnorte, gute Schulen, hoher Freizeitwert, Kulturangebot, Natur, gutes soziales Klima etc.,
- die Qualität der lokalen Verkehrsinfrastruktur und die Anbindung an überregional bedeutsame Transportnetze, ebenso die Verfügbarkeit breitbandiger Datenverbindungen, zum Beispiel DSL, UMTS etc.,
- die Flächenverfügbarkeit für Gewerbeansiedlung und die Möglichkeit der Flächenexpansion für bestehende Unternehmen,
- Verflechtungs- und Agglomerationsvorteile, wie die Nähe zu Zulieferern und Kunden,
- die wirtschaftliche Stabilität durch einen regionalen Branchenmix,
- die unternehmerische Autonomie ansässiger Unternehmen, das heißt zum Beispiel Schutz vor ungewollten Firmenübernahmen etc. und
- die Unternehmensfreundlichkeit der Verwaltungen, der Informationsaustausch zwischen Verwaltungen und dem bestehenden Gewerbe und Handwerk sowie eine schlanke und effiziente Bürokratie, eventuell interkommunales und kooperatives Agieren" (Schönwandt et al. 2009, S. 107).

Die Standortfaktoren entscheiden nachhaltig über die wirtschaftliche Entwicklung einer Region. Deren Beeinflussung und mögliche Steuerung entscheidet über die wirtschaftliche Zukunft einer Region. Ohne das Angebot adäquater Flächen und Immobilien ist eine erfolgreiche Weiterentwicklung der Wirtschaftsregion nicht möglich.

Die Steuerung kann als Flächenmanagement bezeichnet werden.

Was bedeutet Flächenmanagement? Der Begriff Flächenmanagement findet mehr und mehr Verwendung, doch gibt es keine allgemeine Definition (vgl. Regionalkunde Ruhrgebiet 2016). Nach dem englischen Begriff „to manage" bedeutet Flächenmanagement so viel wie Flächenverwaltung, Flächen in Ordnung halten Im weiteren Sinn ist das Flächenmanagement

5.1 Flächen- und Immobilienmanagement in der Wirtschaftsförderung

„eine ganzheitlich, facilitäre Strategie im Rahmen der Anlagen- und Immobilienbewirtschaftung mit der Zielsetzung mit Flächen und Böden effizient und wirtschaftlich umzugehen.

Diese Strategie gewährleistet Investoren und Immobiliennutzern den Flächenverbrauch zu reduzieren und den Boden hinsichtlich seiner Funktion zu schützen, d. h. die Ressource „Fläche" erhält die notwendige betriebswirtschaftliche Widmung, welche ihr in einem neuzeitlichen Lösungsansatz, gem. den Empfehlungen der Richtlinie für Nachhaltiges Bauen, innerhalb der Betriebsführung zusteht.

Diese Strategie ermöglicht auf unternehmerischer Ebene mit den Ressourcen, Fläche und Boden, genauso planvoll umzugehen wie mit den sonst hinlänglich bekannten Betriebsmitteln. […] Flächenmanagement bedeutet, dass Investoren und Immobilieneigner und -nutzer kraft ihrer Planungsentscheidung den zukünftigen Umgang mit Flächen und Böden auf ihrer Liegenschaft aktiv und aggressiv gestalten. Flächenmanagement im facilitären Ansatz soll vor allem zur Steigerung der Effizienz in der Flächennutzung führen. Hierbei gilt es, die vorhandenen Potenziale für weitere und unabwendbare Baumaßnahmen verstärkt auszuschöpfen.

Dabei dienen die neuzeitlichen, innovativen Anlagen- und Immobilienbewirtschaftungssysteme als Basis. Hierin werden mittel- und langfristige Ziele festgelegt, regelmäßig kontrolliert und verfolgt.

Somit wird das Flächenmanagement in die Facility Management Fachbereiche FMC – Facility Management Controlling und FML – Facility Management Logistik integriert und stellt einen bedeutenden Teil der ganzheitlichen, nachhaltigen facilitären Anlagen- und Immobilienbewirtschaftung dar." (Fmberatung 2015, Flächenmanagement).

Zur Steuerung von Flächenentwicklungen sollten folgende Informationen vorliegen und diese können als Handlungsbasis, mit dem Ziel, die bereits vorhandene Infrastruktur optimal und kosteneffizient auszunutzen, genutzt werden (vgl. FM Beratungsgesellschaft 2016).

„Wie viel Fläche umfasst die Liegenschaft?
Welche Flächen werden wie genutzt?
Wie groß ist das Potenzial der Wiederverwendung?
Wo im bebauten Raum bestehen effektivere Nutzungsmöglichkeiten?
Welche Flächen können effizienter im monetären Sinne genutzt werden?
Welche Qualitäten haben die Flächen generell und im Besonderen?"

Ziel

„[…] die Potenziale im Innenbereich verstärkt für die Liegenschaft zu nutzen und somit wertvolle Flächen aller Art zu schonen!
vermeidliche Entwicklungsmaßnahmen mit geringer Qualität im Flächenhaushalt zu generieren.
qualitativ geringfügig verwendete Flächen zu höherwertigen Betriebsmitteln reaktivieren.
Bodenaushub und Baumaßnahmen auf das erforderliche Maß zu reduzieren oder zu optimieren und optimal zu verwerten." (FM Beratungsgesellschaft 2016).

Um die Ziele des Flächenmanagements zu erreichen im „Spannungsfeld zwischen Brachflächenrecycling, Reaktivierung alter Industriestandorte und klassischen Managementaufgaben" werden interdisziplinäre Handlungsfelder verknüpft (siehe Abb. 5.1, vgl. Regionalkunde Ruhrgebiet 2016).

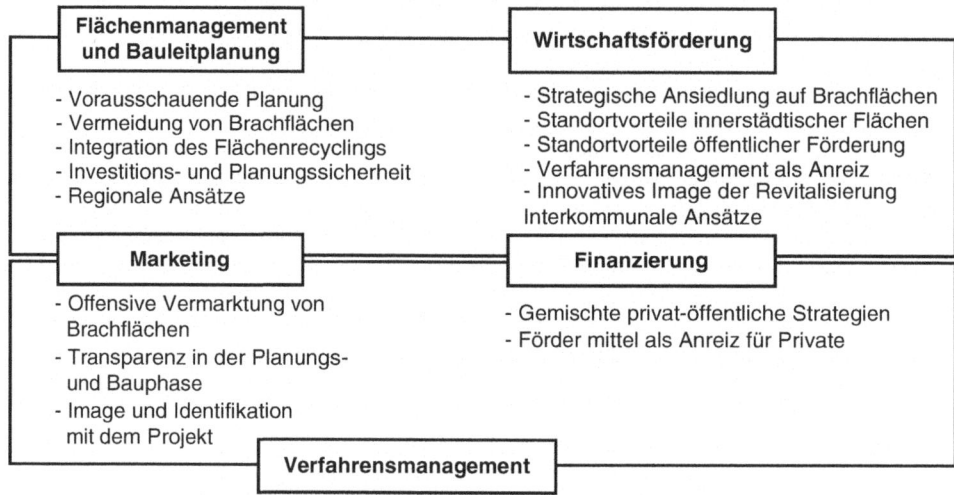

Abb. 5.1 Interdisziplinäre Handlungsfelder

5.2 Elemente des Flächenmanagements

„Das Kunststück des Wirtschaftsförderers besteht darin, zum richtigen Zeitpunkt das richtige Grundstück für den richtigen Betrieb zur Verfügung zu haben" (Dallmann und Richter 2012, S. 48).

Um dieses Ziel zu erreichen, ist eine Planung erforderlich, um „sowohl die Bereitstellung als auch die faktische Verfügbarkeit von gewerblich wie industriell nutzbaren Grundstücken in guter Qualität hinsichtlich Lage und Infrastruktur" (Dallmann und Richter 2012, S. 48) zu gewährleisten, vor dem Hintergrund, dass diese „…nach wie vor ausschlaggebend für die unternehmerische Standortwahl" (Dallmann und Richter 2012, S. 48) sind.

Die Wirtschaftsförderungseinrichtungen spielen dabei eine wichtige Rolle in der Aktivierung von Gewerbeflächenpotenzialen.

Zur Akzeptanz eines aktiven Flächen- und Immobilienmanagements gehört die strategische Ausrichtung der wirtschaftlichen Entwicklung einer Region. Nach Dallmann und Richter (2012, S. 36 ff.) kristallisieren sich zwei grundsätzliche Strategien heraus.

- Ansiedlungsförderung
- Bestandspflege

Bei der Ansiedlungsförderung ist das Ziel, „[…]standortsuchende auswärtige Unternehmen zur Ansiedlung innerhalb einer Kommune[…]" (Dallmann und Richter 2012, S. 36)

5.2 Elemente des Flächenmanagements

zu bewegen. Dies hat sowohl eine Marketingkomponente sowie eine technische Komponente. Zum einen werden die Standortvorteile durch entsprechende Marketingmaßnahmen hervorgehoben, zum anderen muss „die Möglichkeit zur Bereitstellung von geeigneten, planungsrechtlich abgesicherten und jederzeit verfügbaren Industrie- und Gewerbeflächen" (Dallmann und Richter 2012, S. 36) gegeben sein.

Die Bedeutung der Verfügbarkeit von Flächen/Büros macht die Darstellung in Abb. 5.2 deutlich.

Eine wichtige Rolle spielt die Bestandspflege, auch vor dem Hintergrund des limitierten Ansiedlungspotenzials, wobei die Bestandspflege in die Bestandssicherung und

Abb. 5.2 Pull-Faktoren bei der Neuansiedlung (in Prozent), Dallmann und Richter 2012, S. 37

Bestandsentwicklung unterschieden werden kann (vgl. Dallmann und Richter 2012, S. 38).

Die Bestandssicherung dient dazu, bereits ansässigen Unternehmen die Voraussetzungen zu bieten, damit diese am Standort verbleiben. Die Bestandsentwicklung geht einen Schritt weiter und fördert die Expansion bereits bestehender Unternehmen.

Die Wirtschaftsförderung Viersen wirbt mit dem Slogan „Wir suchen die passende Gewerbeimmobilie für Sie!" (vgl. GMG – Grundstücks-Marketing-Gesellschaft der Stadt Viersen mbH 2016).

„Im Interview berichtet Norbert Jansen, bei der Wirtschaftsförderung verantwortlich für das Immobilienmanagement, über Nutzen, Erfolge, Angebote und Dienstleistungen.

Herr Jansen, warum forciert die Wirtschaftsförderung diesen Service?: Uns geht es darum, dass Unternehmen jeder Größe genau das finden, was sie brauchen. Ganz gleich, ob sie neu nach Viersen kommen, oder ob sie am Standort Veränderungen anstreben. Dies, sowie die Unterstützung bei der Schaffung und Entwicklung von Flächen ist eine der Hauptaufgaben der Wirtschaftsförderung. Deshalb haben wir zunächst eine umfassende Sichtung der vorhandenen Gewerbeimmobilien mit dem Schwerpunkt auf Produktionsflächen, Hallen und Büros durchgeführt und etliche Kontakte zwischen suchenden Unternehmen und Immobilienanbietern geschaffen. Wir hatten allein im vergangenen Jahr über 90 Anfragen. Das zeigt den Bedarf. In diesem Jahr unterstützen wir sieben Unternehmen, die sich verlagern, neu ansiedeln oder am Standort erweitern wollen. Dahinter stehen 290 Arbeitsplätze. Das zeigt die Bedeutung dieser Arbeit für Viersen. Wir wollen für jedes dieser Unternehmen ein optimales Angebot finden.

Was haben Sie sich noch vorgenommen?: Wir wollen unser dichtes Netzwerk aus Anbietern wie Maklern, Banken, Projektentwicklern und Investoren aus dem Gewerbesektor noch effektiver nutzen. Wir bedienen den gewerblichen Immobilienmarkt über den reinen Informationstransfer hinaus durch Immobiliendaten, Exposés oder Pläne. Indem wir einen regelmäßigen und persönlichen Austausch der Akteure fördern, sind wir besonders leistungsfähig und individuell. Gleichzeitig haben wir durch den engen Kontakt einen exzellenten Überblick über alle relevanten Immobilien. Wir kennen deren Vorzüge, ihre Nachteile sowie den aktuellen Vermarktungsstand. Wir sind ein kompetenter Partner, aber kein Makler. Auch für Entwickler und Anbieter. Hier bieten wir Tipps und Unterstützung an, um Immobilien hinsichtlich des Preises, der Funktion oder der Ausstattung vermarktungsfähig zu gestalten.

Was hat Viersen denn anzubieten?: Viel! Wir haben rund 30 Immobilienobjekte, davon sind zehn Gewerbeparks. Wir haben beispielsweise bekrante Hallen, die mit Schwerlastböden ausgestattet sind, im Röperwerk, einem florierenden Gewerbepark in Viersen-Dülken. Interessant sind auch die Büros, Produktions- oder Lagerflächen in dem Objekt auf der Heiligenstraße 75. Der Komplex steht auf einem 55.000 Quadratmeter großen Grundstück und ist seit 1999 im Besitz des Investors Hans Rudolf Holtmann aus Wuppertal. Insgesamt bietet es 17.000 Quadratmeter Nutzfläche an. Zurzeit haben hier zwanzig Firmen ihren Sitz. Die Bandbreite der Mieter erstreckt sich von der reinen Büronutzung über Lagertätigkeit bis hin zum Maschinenbau für die Gemüseverarbeitung durch die Firma Foodcons. Auch die Firmen Krauss-Maffei, Kürschner GmbH & Co. KG, das Nieren- und Diabeteszentrum und zwei Steuerberater haben hier ihren Sitz. Die Walter Schmitz GmbH verwaltet und vermarktet das Objekt seit 1999 im Alleinauftrag des Eigentümers. Außerdem haben wir freie Flächen für variable Büronutzungen im Gewerbepark T2, mitten im Gewerbegebiet Mackenstein.

Sie starten auch ein intensives Gewerbeflächenrecycling?: Auch dafür ist der T2 ein gutes Beispiel. Wir haben viele Gewerbeobjekte, die infolge der Textilstrukturkrise in Gewerbeparks umgewandelt worden sind. Dieser Prozess der Umwandlung und Umnutzung ist eine Chance, eine Vielzahl von expandierenden Unternehmen auf diesen Flächen anzusiedeln und

5.2 Elemente des Flächenmanagements

gleichzeitig unter Umweltaspekten sehr sorgsam mit unseren Ressourcen umzugehen. Wir unterstützen das sehr intensiv. Der Gewerbepark Schiriksweg oder die Alte Manufaktur zeigen, wie gut und äußerlich ansprechend das funktionieren kann.

Viersen hat noch einen ganz besonderen Standortvorteil zu bieten?: Ja, wir haben eine ungewöhnliche enge räumliche, personelle und organisatorische Nähe zur Baugenehmigungsbehörde. Das heißt, in Viersen laufen die Genehmigungsprozesse, beispielsweise für Nutzungsänderungen oder Stellplatzfragen, extrem schnell ab. Außerdem sind wir in allen planungsrechtlichen Fragen ein kompetenter Ansprechpartner" (GMG Viersen 2016).

5.2.1 Analyse-Konzeption

Nach Dallmann und Richter (2012, S. 185) muss die Bereitstellung ausreichender, gewerblich nutzbarer Flächen als eine zentrale Aufgabe der Wirtschaftsförderung, neben der Verfügbarkeit von Arbeitskräften, sein. Dazu ist es notwendig, eine Analyse des Bestandes an unbebauten und bebauten Flächen voranzustellen.

1) „IST-Analyse: Es muss eine so genannte Flächeninventur durchgeführt werden. Ziel ist es, die Flächenpotenziale sichtbar zu machen. Nur wenn der Planer sich um die vorhandenen Potenziale im Klaren ist, kann er dieses Kapital langfristig planvoll und kontrolliert einsetzen.
2) Prioritäten setzen: Auf Grundlage der IST-Analyse und den daraus resultierenden Potenzialen müssen Prioritäten festgelegt werden. Globales Ziel: Innenentwicklung vor Außenentwicklung. Außenentwicklung nur dort, wo andere Nutzungen und der Boden am wenigsten beeinträchtigt werden (Abstimmung erforderlich) etc.
3) Konzept entwickeln – Dokumentation: Unter Beachtung ökonomischer und ökologischer Gesichtspunkte wird ein abgestimmtes Konzept entwickelt und entsprechend mit Plänen und der Formulierung von Maßnahmen dokumentiert. Sofern erforderlich, wird hierbei auch der Umfang und die Art von Neuausweisungen festgelegt. Es werden Planspiele durchgeführt und daraus Alternativen entwickelt.
4) Umsetzung – Schaffung von Voraussetzungen und Möglichkeiten/Rahmenbedingungen, um bestehende Flächen entwickeln zu können. Schaffung von Baurecht, Abschluss städtebaulicher Verträge etc" (Guhse 2005, S. 175).

Ist eine Neuausweisung von Bauflächen notwendig, ist zunächst das Flächenpotenzial zu ermitteln (vgl. Guhse 2005, S. 176).

Die öffentlichen Bauverwaltungen bzw. übergeordnete Behörden verfügen über Datenmaterial, das den bestehenden Bestand an Flächen exakt wiedergibt (vgl. Dallmann und Richter 2012, S. 185). In Kooperation mit den Behörden haben Wirtschaftsförderungseinrichtungen Zugriff auf das Gewerbeflächenkataster. Kriterien sind:

- bebaute Flächen
- unbebaute Flächen
- Büroflächen
- Lagerflächen
- Laborflächen
- Sonderflächen

- Einzelhandelsflächen
- Industrieflächen
- Gewerbeflächen
- Mischgebietsflächen

Nach Dallmann und Richter ist die Analyse nutzbarer Flächen erst dann sinnvoll für die Standortentwicklung, „wenn die Bedürfnisse der beteiligten Akteure bekannt sind oder zumindest verlässlich prognostiziert werden können" (Dallmann und Richter 2012, S. 185) (Abb. 5.3, 5.4, 5.5, 5.6, 5.7, 5.8, and 5.9).

> Die Möglichkeit, hierbei auf Daten über längere Betrachtungszeiträume zurückzugreifen, erleichtert die Einschätzung und Analyse der vorhandenen Entwicklungen und Anforderungen entsprechend (Flächenmonitoring)" (Guhse 2005, S. 177).

In der Regel ist es der politische Wille und auch festgelegt (Bsp. in Rheinland-Pfalz, Landesentwicklungsplan IV-LEP IV), dass vor der Erschließung neuer Flächen Bestandsflächen genutzt werden, um die weitere Versiegelung landschaftlicher Areale zu vermeiden. Eine genaue Kenntnis der Bestandsflächen ist notwendig – ein „Bestandsmanagement" (vgl. Guhse 2005, S. 177). Bei den Bestandsimmobilien handelt es sich in der Regel um ungenutzte Flächen im Innenbereich (nach § 34 BauGB). Die Bestände sollten in einer Datenbank erfasst und mit Kenndaten zu Nutzungsmöglichkeiten in Bezug auf den Flächennutzungsplan (FNP), eventuell auch auf den Bebauungsplan (BPlan), Nutzung in der Umgebung, Bebauung in der Umgebung, Geschossigkeit, Höhe, etc. versehen werden (siehe auch Tab. 5.1).

Die Verknüpfung der Datenbank an ein geografisches Informationssystem (GIS) ist unumgänglich (vgl. Guhse 2005, S. 177). Eingehende Bauanträge, Bauvoranfragen, Genehmigungen, Befreiungen können direkt zeitnah in das Kataster eingepflegt werden und erhalten damit dessen Aktualität.

5.2.2 Flächenentwicklung

„Die Bereitstellung von Flächen für Wohnen, Arbeiten und Infrastruktur ist neben dem Vorhandensein eines ausreichenden Arbeitskräftepotenzials und einer modernen Infrastruktur die dritte unabdingbare Voraussetzung für wirtschaftliche Entwicklung" (Dallmann und Richter 2012, S. 202).

Zur Standortentwicklung ist es unabdingbar, Flächen zu entwickeln. Hier spielen Wirtschaftsförderungseinrichtungen eine wichtige Rolle, da sie die Entwicklung bereits bestehender Unternehmen der Region begleiten und Ansprechpartner für ansiedlungswillige Unternehmen und Gründer sind. Dabei sind standortbedingt starke Unterschiede erkennbar (vgl. Tab. 5.2).

5.2 Elemente des Flächenmanagements

Immobilienmanagement der Wirtschaftsförderung Viersen

Wir suchen die passende Gewerbeimmobilie für Sie!

Vorhandene Arbeitsplätze sichern und neue schaffen. Mit diesem Ziel unterstützt die Viersener Wirtschaftsförderung mit ihrem Immobilienmanagement Unternehmen bei der Suche und der Entwicklung von Immobilien. Der kostenfreie Service wird erfolgreich genutzt und führte 2011 unter anderem dazu, dass ein Callcenter fündig wurde. 30 neue Arbeitsplätze sind die positive Folge.

Nutzen Sie unser Kontaktformular für die schnelle Kontaktaufnahme.

Norbert Jansen im Gespräch

Im Interview berichtet Norbert Jansen, bei der Wirtschaftsförderung verantwortlich für das Immobilienmanagement, über Nutzen, Erfolge, Angebote und Dienstleistungen.

Norbert Jansen

Herr Jansen, warum forciert die Wirtschaftsförderung diesen Service?

Uns geht es darum, dass Unternehmen jeder Größe genau das finden, was sie brauchen. Ganz gleich, ob sie neu nach Viersen kommen, oder ob sie am Standort Veränderungen anstreben. Dies, sowie die Unterstützung bei der Schaffung und Entwicklung von Flächen ist eine der Hauptaufgaben der Wirtschaftsförderung. Deshalb haben wir zunächst eine umfassende Sichtung der vorhandenen Gewerbeimmobilien mit dem Schwerpunkt auf Produktionsflächen, Hallen und Büros durchgeführt und etliche Kontakte zwischen suchenden Unternehmen und Immobilienanbietern geschaffen. Wir hatten allein im vergangenen Jahr über 90 Anfragen. Das zeigt den Bedarf. In diesem Jahr unterstützen wir sieben Unternehmen, die sich verlagern, neu ansiedeln oder am Standort erweitern wollen. Dahinter stehen 290 Arbeitsplätze. Das zeigt die Bedeutung dieser Arbeit für Viersen. Wir wollen für jedes dieser Unternehmen ein optimales Angebot finden.

Was haben Sie sich noch vorgenommen?

Wir wollen unser dichtes Netzwerk aus Anbietern wie Maklern, Banken, Projektentwicklern und Investoren aus dem Gewerbesektor noch effektiver nutzen. Wir bedienen den gewerblichen Immobilienmarkt über den reinen Informationstransfer hinaus durch Immobiliendaten, Exposés oder Pläne. Indem wir einen regelmäßigen und persönlichen Austausch der Akteure fördern, sind wir besonders leistungsfähig und individuell. Gleichzeitig haben wir durch den engen Kontakt einen exzellenten Überblick über alle relevanten Immobilien. Wir kennen deren Vorzüge, ihre Nachteile sowie den aktuellen Vermarktungsstand. Wir sind ein kompetenter Partner, aber kein Makler. Auch für Entwickler und Anbieter. Hier bieten wir Tipps und Unterstützung an, um Immobilien hinsichtlich des Preises, der Funktion oder der Ausstattung vermarktungsfähig zu gestalten.

Was hat Viersen denn anzubieten?

Viel! Wir haben rund 30 Immobilienobjekte, davon sind zehn Gewerbeparks. Wir haben beispielsweise bekrante Hallen, die mit Schwerlastböden ausgestattet sind, im Röperwerk, einem florierenden Gewerbepark in Viersen-Dülken. Interessant sind auch die Büros, Produktions- oder Lagerflächen in dem Objekt auf der Heiligenstraße 75. Der Komplex steht auf einem 55 000 Quadratmeter großen Grundstück und ist seit 1999 im Besitz des Investors Hans Rudolf Holtmann aus Wuppertal. Insgesamt bietet es 17.000 Quadratmeter Nutzfläche an. Zurzeit haben hier zwanzig Firmen ihren Sitz. Die Bandbreite der Mieter erstreckt sich von der reinen Büronutzung über Lagertätigkeit bis hin zum Maschinenbau für die Gemüseverarbeitung durch die Firma Foodcons. Auch die Firmen Krauss-Maffei, Kürschner GmbH & Co. KG, das Nieren- und Diabeteszentrum und zwei Steuerberater haben hier ihren Sitz. Die Walter Schmitz GmbH verwaltet und vermarktet das Objekt seit 1999 im Alleinauftrag des Eigentümers. Außerdem haben wir freie Flächen für variable Büronutzungen im Gewerbepark T2, mitten im Gewerbegebiet Mackenstein.

Sie starten auch ein intensives Gewerbeflächenrecycling?

Auch dafür ist der T2 ein gutes Beispiel. Wir haben viele Gewerbeobjekte, die infolge der Textilstrukturkrise in Gewerbeparks umgewandelt worden sind. Dieser Prozess der Umwandlung und Umnutzung ist eine Chance, eine Vielzahl von expandierenden Unternehmen auf diesen Flächen anzusiedeln und gleichzeitig unter Umweltaspekten sehr sorgsam mit unseren Ressourcen umzugehen. Wir unterstützen das sehr intensiv. Der Gewerbepark Schirikweg oder die Alte Manufaktur zeigen, wie gut und äußerlich ansprechend das funktionieren kann.

Viersen hat noch einen ganz besonderen Standortvorteil zu bieten?

Ja, wir haben eine ungewöhnliche enge räumliche, personelle und organisatorische Nähe zur Baugenehmigungsbehörde. Das heißt, in Viersen laufen die Genehmigungsprozesse, beispielsweise für Nutzungsänderungen oder Stellplatzfragen, extrem schnell ab. Außerdem sind wir in allen planungsrechtlichen Fragen ein kompetenter Ansprechpartner.

Abb. 5.3 Gewerbeflächenpotenziale nach Bock et al. (2011, S. 136)

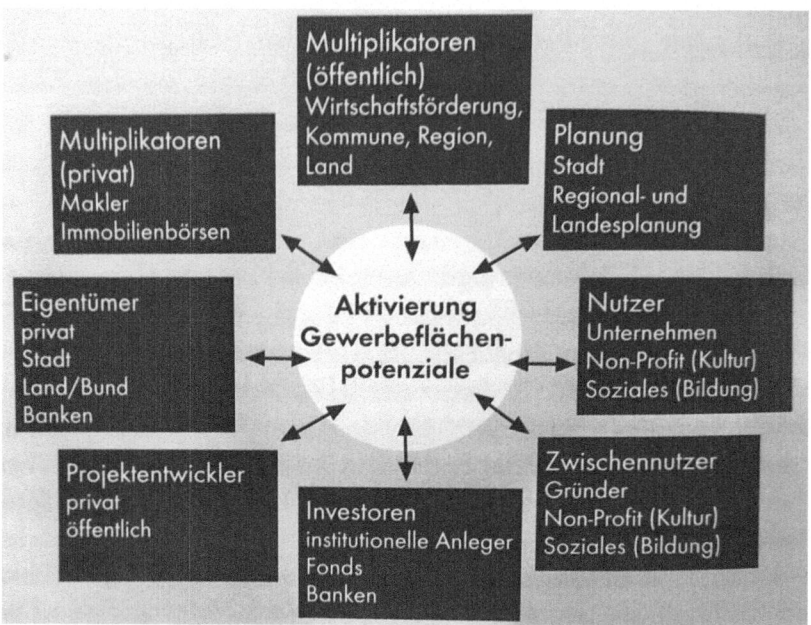

Abb. 5.4 Gewerbeflächenpotenziale Bock et al. (2011, S. 136)

Flurstücksnummer	2345/2	1110	123/22
Art der Baulücke	Klassische Baulücke	Geringfügig bebautes Grundstück	Brachfläche
Nutzung Umfeld/ Milieu	Mischgebiet, Ortskern	Wohngebiet	Wohngebiet im Westen, Gewerbe im Osten
Größe	600 qm	1370 qm	2000 qm
Baurecht	§ 30 BauGB	§ 34 BauGB	§ 34 BauGB
Eigentümer	Herr Testgebiet	Frau Mustermann	Stadt Muster
Datum der Begehung/ Besichtigung	15.05.2003	10.04.2002	05.08.2003
Begehungsprotokoll	vorhanden, LINK→*	vorhanden, LINK→*	vorhanden, LINK→*
Foto	ja, LINK→*	ja, LINK→*	ja, LINK→*
Konzeptvorschlag/ Bemerkungen	Verhandlungen mit Eigentümer	Bodenordnung erforderlich	Baurecht schaffen, Erschließung sichern

*Link auf externe Daten, Tabellen etc. ist möglich.

Abb. 5.5 „Beispiel für mögliche Inhalte einer Datenbank (Baulückenkataster)" Guhse (2005, S. 178)

Ausweisung neuer Flächen Die Flächenbereitstellung durch Ausweisung neuer Flächen „[…]ist – auch in der allgemeinen Vorstellung – immer noch die vorherrschende Strategie der Ausweisung neuer Gewerbeflächen in einem Gebiet am Rande der eigenen Gemarkung" (Dallmann und Richter 2012, S. 204).

5.2 Elemente des Flächenmanagements

	Flächenreserven	Industriebrachen
Norddeutsche Bundesländer	Überdurchschnittlich groß	Tendenziell weniger
Ostdeutsche Bundesländer	Überdurchschnittlich groß	Überdurchschnittlich groß
Westdeutsche Bundesländer	Tendenziell weniger	Große Reserven
Süddeutsche Bundesländer	Mangel an Reserveflächen	Tendenziell weniger
Städtische Standorte	Tendenziell weniger Reserveflächen	Gegeben
Ländliche Standorte	Überdurchschnittlich groß	Tendenziell weniger gegeben

Abb. 5.6 nach: Dallmann and Richter (2012, S. 203) und eigener Einschätzung der Autoren

Der Zweckverband

Gemeinsam mit der Bundesanstalt für Immobilienaufgaben (BImA) und dem Land Rheinland-Pfalz entwickelt und vermarktet der Zweckverband die Standorte Flugplatz Bitburg und „Alte Kaserne" in Bitburg.

Mitglieder im Zweckverband sind die Stadt Bitburg, die Verbandsgemeinde Bitburger Land, die Ortsgemeinden Röhl und Scharfbillig sowie der Eifelkreis Bitburg-Prüm.

Anders ausgedrückt heißt das: Die anliegenden Gebietskörperschaften selbst haben es in die Hand genommen, die Konversion in Bitburg zum Erfolgsmodell zu machen. Denn näher als sie ist niemand dran am Standort!

Abb. 5.7 „Kaserne Bitburg" http://www.kaserne-bitburg.de/zweckverband

Die Ausweisung erfolgt im Rahmen des Bauleitplanverfahrens nach Baugesetzbuch (BauGB, vgl. Guhse 2005, S. 183). Die Standortsituation ist grobflächig zu überdenken in Hinblick auf die Erstellung eines Bebauungsplans (vgl. Boyken 2002, S. 56):

> **Willkommen beim Projekt "Airpark Giebelstadt"**
>
> Die **Konversionsliegenschaft "Airpark Giebelstadt"** (Eigentümerin Bundesanstalt für Immobilienaufgaben) liegt ca. 1 km östlich der Ortsgemeinde Giebelstadt zentral im südlichen Landkreis Würzburg.
>
> Seit dem Abzug der amerikanischen Streitkräfte Ende 2006, findet keine militärische Nutzung auf der gesamten Liegenschaft mehr statt. Für einen Großteil der Liegenschaft ist eine zeitnahe zivile Anschlussnutzung in einem ersten Schritt mit einem Verkauf des Flugplatzes (Start- und Landebahn, Sicherheitsbereich, Taxiway, Tower, Hangars usw.) in den Jahren 2008 und 2011 an die Verkehrslandeplatz Giebelstadt Holding GmbH gelungen. Eigentümer und Verpächter sind die Gesellschafter Knauf Gips KG und der Markt Giebelstadt. Der Flugplatz Giebelstadt ist seit dem Jahr 2012 als öffentlicher ziviler Verkehrslandeplatz genehmigt. Es dürfen Flugzeuge bis 14 t starten und landen.
>
> Im Jahr 2011 wurden auf einer von der Bundesanstalt für Immobilienaufgaben, verpachteten Fläche mit rund 41 Hektar Solar-Module zur regenerativen Stromerzeugung aufgestellt.
>
> Nach einer zwischen dem Markt Giebelstadt und der Bundesanstalt für Immobilienaufgaben geschlossenen Rahmenvereinbarung wird die verbleibende Liegenschaft abschnittsweise entwickelt und veräußert. Hierzu wurde die Liegenschaft in drei Bauschnitte unterteilt. Für die **Bauabschnitte 1.1 und 1.2** wurde parallel zur Änderung des Flächennutzungsplanes (FNP) ein Bebauungsplan aufgestellt, der als Nutzungsart Gewerbe vorsieht und dessen Rechtskraft in Kürze zu erwarten ist.
> Aufbauend auf die Rahmenvereinbarung wurde im Rahmen der Entwicklung im **Bauabschnitt 1.1** ein städtebaulicher Vertrag zwischen der Marktgemeinde Giebelstadt und der Bundesanstalt für Immobilienaufgaben geschlossen. Durch diesen Vertrag wurde die Erschließung von
> * Wasser
> * Kanal
> * Straßen
>
> geregelt und sicher gestellt.

Abb. 5.8 „Airpark Giebelstadt" http://airpark-giebelstadt.bundesimmobilien.de

„1.1 Aufstellungsbeschluss (§ 2 Abs. 1 BauGB)
1.2 Bekanntmachung (§ 2 Abs. 1 BauGB)
2. Frühzeitige Beteiligung der Bürger (§ 3 Abs. 1 BauGB)
3.1 Beteiligung der Träger öffentlicher Belange ((§ 4 Abs. 1 BauGB)
3.2 Abstimmung mit den Nachbargemeinden (§ 2 Abs. 2 BauGB)
3.3 Anpassung an die Ziele der Raumordnung (§ 1 Abs. 4 BauGB)
4.1 Vorbereitung der Abwägung (§ 1 Abs. 5 u. 6 BauGB)
4.2 Beachtung der Eingriffsregelung nach Bundesnaturschutzgesetz (§§ 1 a, 9 Abs. 1a BauGB)
5.1 Auslegungsbeschluss (§ 3 Abs. 2 BauGB)
5.2 Bekanntmachung der Auslegung (§ 3 Abs. 2 BauGB)
5.3 Öffentliche Auslegung/Beteiligung der Bürger (§ 3 Abs. 2 BauGB)
6. Benachrichtigung der Träger öffentlicher Belange (§ 3 Abs. 2 BauGB, § 4 BauGB)
7. Prüfung der Anregungen (§ 3 Abs. 2 BauGB)
8.1 Abwägung, einschließlich Entscheidung über Eingriffsregelung nach Bundesnaturschutzgesetz (§ 1 Abs. 6 BauGB)
8.2 Wiederholung des Verfahrens ab Ziffer 5.1 erforderlich, wenn der Entwurf geändert worden ist (§ 3 Abs. 3 BauGB)
9. Satzungsbeschluss einschließlich Beschluss über die Begründung (§ 10 Abs. 1 BauGB)
10. Genehmigung der Aufsichtsbehörde (§ 10 Abs. 2 BauGB)

5.2 Elemente des Flächenmanagements

Projekt "Konversion in Hanau"

Nach dem zweiten Weltkrieg war die Stadt Hanau einer der größten Militärstützpunkte der amerikanischen Streitkräfte in Europa. Zu dem Standort Hanau (Hanau Military Community) zählten auch die Stützpunkte des Fliegerhorstes Erlensee sowie Liegenschaften in Büdingen und Gelnhausen.

In den 1990er Jahren erfolgte eine erste Reduzierung der in Deutschland stationierten Einheiten der US - Streitkräfte. Im Zuge dessen wurden auch in Hanau die ersten Kasernen an die Bundesrepublik Deutschland zurückgegeben. Damit begann ein erster Konversionsprozess, dessen Ergebnisse heute mit der entwickelten Hessen-Homburg Kaserne, der Francois Kaserne und einem Teilbereich der Großauheim Kaserne erfolgreich abgeschlossen ist.

Seit Ende 2008 sind in Hanau inzwischen alle von den amerikanischen Streitkräften genutzten Liegenschaften mit einer Gesamtfläche von ca. 340 ha aufgegeben worden und stehen für eine Entwicklung zur Verfügung. Das Spektrum der in der Stadt vorhandenen Konversionsliegenschaften reicht vom Einfamilienhaus über große Wohnsiedlungen mit insgesamt ca. 1.200 Wohneinheiten, Schulen, Kindergärten, Sport- und Freizeiteinrichtungen, Liegenschaften zur gewerblichen Nutzung bis hin zu 7 ehemaligen Kasernenanlagen, Übungsplätzen und weiteren Sonderliegenschaften.

Auf diese Seite präsentieren wir Ihnen alle zur Verwertung anstehenden Konversionsliegenschaften in der Stadt Hanau. Unsere zuständigen Mitarbeiterinnen und Mitarbeiter verfügen über langjährige Erfahrungen mit der Verwertung von ehemals militärisch genutzten Flächen. Die Bundesanstalt für Immobilienaufgaben arbeitet eng und vertrauensvoll mit Investoren und der Stadt Hanau als Trägerin der Planungshoheit zusammen. Überzeugen Sie sich vom Potenzial unserer Liegenschaften und realisieren sie dort Ihre zukunftsorientierten und richtungweisenden Projekte. Unsere bereits bewährten Instrumente wie etwa Machbarkeitsstudien und Marktanalysen, der Abschluss städtebaulicher Verträge, Erschließungs- und Nutzungsverträge sowie flexible Finanzierungskonzepte können Ihnen bei der Umsetzung Ihrer Planungen hilfreich sein. Ihren innovativen Ideen und Konzepten stehen wir offen und aufgeschlossen gegenüber. Sprechen Sie uns an, wir werden Sie bei der Suche nach einer für Sie geeigneten Immobilie und der Realisierung Ihrer Vorstellungen mit unseren Verkaufsteams engagiert unterstützen.

Lassen Sie sich von dem Standort begeistern!

Abb. 5.9 „Konversion in Hanau" http://konversion-hanau.bundesimmobilien.de

Tab. 5.1 Beispiel für mögliche Inhalte einer Datenbank (Baulückenkataster) Guhse (2005, S. 178)

Flurstücksnummer	2345/2	1110	123/22
Art der Baulücke	Klassische Baulücke	Geringfügig bebautes Grundstück	Brachfläche
Nutzung Umfeld/Milieu	Mischgebiet, Ortskern	Wohngebiet	Wohngebiet im Westen, Gewerbe im Osten
Größe	600qm	1370 qm	2000 qm
Baurecht	§ 30 BauGB	§ 34 BauGB	§ 34 BauGB
Eigentümer	Herr Testgebiet	Frau Mustermann	Stadt Muster
Datum der Begehung/ Besichtigung	15.05.2003	10.04.2002	05.08.2003
Begehungsprotokoll	vorhanden, Link → *	vorhanden, Link → *	vorhanden, Link → *
Foto	ja, Link → *	ja, Link → *	ja, Link → *
Konzeptvorschlag/ Bemerkungen	Verhandlungen mit Eigentümer	Bodenordnung erforderlich	Baurecht schaffen, Erschließung sichern

*Link auf externe Dateien, Tabellen etc. ist möglich

Tab. 5.2 Flächenreserven und Industriebrachen nach Dallmann und Richter (2012, S. 203) und eigener Einschätzung der Autoren

	Flächenreserven	Industriebrachen
Norddeutsche Bundesländer	Überdurchschnittlich groß	Tendenziell weniger
Ostdeutsche Bundesländer	Überdurchschnittlich groß	Überdurchschnittlich groß
Westdeutsche Bundesländer	Tendenziell weniger	Große Reserven
Süddeutsche Bundesländer	Mangel an Reserveflächen	Tendenziell weniger
Städtische Standorte	Tendenziell weniger Reserveflächen	Gegeben
Ländliche Standorte	Überdurchschnittlich groß	Tendenziell weniger gegeben

11. Bekanntmachung des Satzungsbeschlusses, der Genehmigung der Aufsichtsbehörde und des Inkrafttretens des Planes (§ 10 Abs. 3 BauGB)" Boyken (2002, S. 57)

Nach Dallmann und Richter (2012, S. 204 f.) sollte eine Neuflächenausweisung idealerweise auf gemeindeeigenen Flächen erfolgen. Viele Gemeinden entwickeln nur solche Flächen, die im Gemeindeeigentum sind und nutzen eventuelle Bodenpreissteigerungen und dadurch erzielte Gewinne beim Verkauf zur Finanzierung. Die notwendige Erschließung sollte jedoch hinausgezögert werden, um sich später die Möglichkeit, auf individuelle Forderungen der Erwerber eingehen zu können, nicht zu verbauen. Zudem spart es Vorfinanzierungskosten.

Gegen diese Sicht spricht, dass Interessenten, sobald eine Entscheidung über den Kauf einer Fläche getroffen wurde, eine schnelle Realisierung des Bauvorhabens anstreben. Bei fehlendem rechtsgültigem Bebauungsplan muss in der Regel mit einer Dauer von 6–8 Monaten gerechnet werden, wobei zusätzlich rechtliche Risiken bestehen, sofern Einwände gegen den Bebauungsplan erhoben werden.

Unabhängig von der Frage der Voraberschließung oder der anlassbezogenen Erschließung werden „die Anforderungen an eine nachhaltige Stadt- und Regionalentwicklung, strengere Umweltauflagen, der Wunsch vieler Unternehmen nach immer kürzeren Nutzungszeiten, gestiegene Anforderungen an die infrastrukturelle Ausstattung etc. zu einer immer größeren Komplexität und zu neuen Anforderungen im Bereich der Flächenbereitstellung geführt haben" (Dallmann und Richter 2012, S. 203).

Nachverdichtung und Umnutzung Sofern Flächen vorhanden sind, die aufgrund rechtlicher Restriktionen nicht ausgeschöpft werden, kann hier von „Flächen mit Entwicklungspotenzial" gesprochen werden (vgl. Guhse 2005, S. 180). Dabei ist die Fläche für eine weitere Bebauung vorhanden, aufgrund bspw. fehlender Erschließung aber nicht nutzbar. Eine Identifizierung derartiger Flächen kann aufgrund der vorhandenen Grundflächenzahl erfolgen. Liegt diese unter 0,15, besteht die Vermutung der Möglichkeit einer weiteren Verdichtung.

5.2 Elemente des Flächenmanagements

Flächen, deren ursprüngliche Nutzung aufgegeben wurde und die „nicht oder nur durch untergeordnete Nachnutzungen belegt sind" (Guhse 2005, S. 181), werden als Brachflächen bezeichnet. Beispiele sind hier Bahn- und Postareale, Bundeswehrliegenschaften oder Liegenschaften alliierter Streitkräfte (vgl. Dallmann und Richter 2012, S. 207).

Flurstücke, die grundsätzlich bebaubar sind, aber baulich noch nicht genutzt werden, bezeichnet man als Baulücke (vgl. Guhse 2005, S. 181 f.).

5.2.3 Vermarktung

Voraussetzung für eine erfolgreiche Vermarktung von Gewerbe- und Industrieflächen ist eine möglichst detaillierte Kenntnis aller verfügbaren Flächen und solcher, die absehbar verfügbar werden.

Nicht nur Lage und Größe der Areale sind von Wichtigkeit, auch die Nutzungsmöglichkeiten. Sind die Flächen als Mischgebiet, Gewerbegebiet oder Industriegebiet ausgewiesen?

Kenntnisse zum Bebauungsplan sind ebenfalls ein Kriterium zur erfolgreichen Vermarktung von Flächen. Hier spielen vor allem Beschränkungen wie Lärmemission oder ausgeschlossene Gewerbe eine Rolle.

Idealerweise sollte die Wirtschaftsförderungseinrichtung über einen Mix von Flächen verfügen, um alle Bereiche der Wirtschaft und deren Ansiedlungs- oder Umsiedlungsvorhaben bedienen zu können.

Geht man von einer umfassenden Kenntnis der Wirtschaftsförderungseinrichtungen zu allen verfügbaren Flächen aus, so kann grundsätzlich unterschieden werden in:

- Flächen im Eigentum der Bundesanstalt für Bauimmobilienaufgaben (BImA)
- Flächen im Eigentum der öffentlichen Hand (Städte und Gemeinden)
- Flächen im Eigentum der privaten Hand

Je nach Eigentumsverhältnissen stößt die Wirtschaftsförderungseinrichtung bei der Vermarktung auf unterschiedliche Herausforderungen.

Flächen im Eigentum der Bundesanstalt für Immobilienaufgaben Bei Flächen, die sich im Eigentum der Bundesanstalt für Immobilienaufgaben befinden, handelt es sich häufig um ehemals militärisch genutzte Liegenschaften sowohl der Bundeswehr wie auch alliierter Streitkräfte. In der Regel sind Verkaufsteams der BImA mit der Vermarktung von Flächen und Gebäuden betraut.

Zwischen den Vertretern der BImA und den öffentlichen Entscheidungsträgern, etwa dem Bürgermeister und dem Gemeinderat/Stadtrat, kann es zu einem intensiven Austausch über die Strategie der Vermarktung kommen. Meist liegt es im Interesse der örtlichen Politik, arbeitsplatzintensive Betriebe anzusiedeln, um den Arbeitsmarkt zu entlasten, für die Menschen Arbeitsplätze zu schaffen und dadurch die Steuereinnahmen durch Einkommenssteueranteile zu erzielen. Aber auch Branchen, die sich durch eine hohe Wirtschaftlichkeit auszeichnen und deren Profitabilität hoch ist, sind von großem Interesse. Durch zu erwartende Gewerbesteuereinnahmen, kann sich die finanzielle Situation der Gemeinde- oder der städtischen Haushalte verbessern.

Im Interesse der BImA liegt es in erster Linie, in möglichst kurzer Zeit möglichst viele Flächen und Gebäude zu veräußern. Die Art der Nutzung der veräußerten Immobilien steht normalerweise nicht im Fokus der BImA. Idealerweise kommt es zum Austausch zwischen der BImA und den örtlich handelnden Personen: Den politischen Gremien wie Bürgermeistern/-innen, den Vertretern/-innen der Orts-, Verbandsgemeinden, Stadträten/-innen, Mitarbeitern der Verwaltung, etwa den Bau- oder Liegenschaftsämtern, der Wirtschaftsförderung. Dieser Austausch kann sowohl informell wie formell erfolgen.

Auf informellem Wege werden Informationen zu Kaufinteressenten ausgetauscht, die sowohl den Kontakt zur BImA suchen oder zur jeweiligen Gemeinde oder Stadt. Insofern ist es von Bedeutung, einen regelmäßigen Austausch zu allen Fragen des Marketings zu führen: Welche Kunden haben sich wann, für welche Flächen oder Gebäude interessiert? Eine Voraussetzung für eine fruchtbare Zusammenarbeit ist, die verfügbaren Flächen und Gebäude aktuell zu erfassen und seitens der BImA den Vertretern der öffentlichen Hand und der Wirtschaftsförderung zeitnah zur Verfügung zu stellen. Erst dann ist gewährleistet, dass Interessenten qualitativ hochwertige Auskünfte und Beratung gegeben werden. Ein weiterer Punkt ist der Preis der von der BImA zu veräußernden Immobilien. Auch hier sind die Vertreter/-innen der Gemeinde, der Stadt, der Verwaltung und der Wirtschaftsförderung auf aktuelle Zahlen angewiesen, um Interessenten korrekt Auskunft geben zu können. Auf einer höheren Ebene besteht die Möglichkeit die Preise für Immobilien zu bewerten in Bezug auf die in der Regel auch seitens der öffentlichen Hand oder seitens privater Eigentümer angebotenen Flächen und Gebäuden. Zu vermeiden sind hohe Preisunterschiede, da dies häufig zu einer Preisspirale nach unten führen kann. Die Richtpreise sollten ähnlich sein, wobei ein gewisser Handlungsspielraum durchaus gegeben sein sollte.

Über den informellen Austausch hinweg können auch formelle Strukturen wie Zweckverbände oder städtebauliche Verträge Basis einer Zusammenarbeit zwischen BImA und den ortsansässigen Vertretern aus der Politik sein.

Zweckverband Nach Dallmann und Richter „[…]stellen Zweckverbände die typische Rechtsform im Rahmen der interkommunalen Zusammenarbeit dar. Der Zweckverband ist in den §§ 2 ff. des Gesetzes über kommunale Zusammenarbeit (GKZ) des Landes Baden-Württemberg gesetzlich geregelt.

Zwei Arten von Zweckverbänden Nach § 2 Abs. I GKZ können zwei Arten von Zweckverbänden unterschieden werden: Danach können sich Gemeinden und Landkreise entweder freiwillig zu einem Zweckverband zusammenschließen (sog. Freiverband) oder aber zur Erfüllung von Pflichtaufgaben durch eine aufsichtsbehördliche Verfügung zusammengeschlossen werden (sog. Pflichtverband). Die nachfolgenden Ausführungen berücksichtigen jedoch im Hinblick auf den Untersuchungsgegenstand der vorliegenden Arbeit ausschließlich den auf dem Prinzip der „Freiwilligkeit" beruhenden Freiverband.

Zusammenschluss zu einem Freiverband Im Gegensatz zur öffentlich-rechtlichen Vereinbarung können neben Gemeinden und Landkreisen auch – soweit Vorschriften dies nicht ausschließen oder beschränken – andere öffentlich-rechtliche Körperschaften, Anstalten und Stiftungen des öffentlichen Rechts sowie natürliche Personen und juristische Personen des Privatrechts Mitglied eines Freiverbandes sein, wenn dadurch die Erfüllung der Verbandsaufgaben gefördert wird und Gründe des öffentlichen Wohls dem nicht entgegenstehen.

Der Rechtsnatur nach handelt es sich beim Zweckverband um eine eigenständige Körperschaft des öffentlichen Rechts, der die ihm übertragenen Angelegenheiten unter eigener Verantwortung im Rahmen der Gesetze selbst verwaltet. Die Bildung eines Zweckverbandes bedarf einer durch die Beteiligten aufzustellenden Verbandssatzung, deren Inhalt im Gesetz näher bestimmt ist, sowie einer aufsichtsbehördlichen Genehmigung. Ist die Genehmigung erteilt und die Verbandssatzung einschließlich der Genehmigung von der zuständigen Rechtsaufsichtsbehörde öffentlich bekanntgemacht worden, „entsteht" der Zweckverband, d. h. er ist dann allein für die Erledigung der Verbandsaufgabe zuständig. Als Organe des Zweckverbands sind die Verbandsversammlung und der Verbandsvorsitzende zwingend vorgeschrieben. Zusätzlich kann als weiteres Organ ein Verwaltungsrat durch die Verbandssatzung vorgesehen werden. Die Verbandsversammlung als Hauptorgan des Zweckverbands ist für den Erlass von Satzungen zuständig und besteht aus mindestens einem Vertreter eines jeden Verbandsmitglieds. Die Stimmen eines Verbandsmitglieds können nur einheitlich abgegeben werden. Eine Gemeinde wird in der Verbandsversammlung durch den (Ober-) Bürgermeister, ein Landkreis entsprechend durch den Landrat vertreten." (Dallmann und Richter 2012, S. 81 ff.)

> **Beispiel: Zweckverband Fliegerhorst Langendiebach**
> Ein Beispiel für den Vermarktungsaspekt eines Zweckverbandes stellt der Fliegerhorst Langendiebach dar:
> „Im Herbst 2011 wurde der Zweckverband Fliegerhorst Langendiebach von den Städten Erlensee und Bruchköbel gegründet und mit der interkommunalen Standortentwicklung des ehemaligen Militärgebiets betraut.
> Vertreten wird der Zweckverband durch die beiden Bürgermeister der Städte, Bürgermeister Stefan Erb (Erlensee) und Bürgermeister Günter Maibach (Bruchköbel) sowie durch die aus den beiden Stadtparlamenten gewählten politischen Vertreter.
> Am 23.05.2013 erwarb der Zweckverband 92 Hektar des ehemaligen Militärgebiets von der Bundesanstalt für Immobilienaufgaben (BImA). Diese Fläche wird jetzt als Logistik-, Dienstleistungs- und Freizeitstandort vermarktet.

Als wichtige Grundlage für die Vermarktung dient dem Zweckverband Fliegerhorst-Langendiebach bis heute die 2008 bis 2010 erarbeitete Machbarkeitsstudie und der finale Masterplan" (Zweckverband Fliegerhorst Langendiebach 2016).

Ein weiteres Beispiel ist die Konversion Bitburg:

„Gemeinsam mit der Bundesanstalt für Immobilienaufgaben (BImA) und dem Land Rheinland-Pfalz entwickelt und vermarktet der Zweckverband die Standorte Flugplatz Bitburg und „Alte Kaserne" in Bitburg.
Mitglieder im Zweckverband sind die Stadt Bitburg, die Verbandsgemeinde Bitburger Land, die Ortsgemeinden Röhl und Scharfbillig sowie der Eifelkreis Bitburg-Prüm.
Anders ausgedrückt heißt das: Die anliegenden Gebietskörperschaften selbst haben es in die Hand genommen, die Konversion in Bitburg zum Erfolgsmodell zu machen. Denn näher als sie ist niemand dran am Standort!" (Konversion Bitburg 2016).

Städtebaulicher Vertrag

Baugesetzbuch
Das Baugesetzbuch regelt in seinem § 11 den Inhalt städtebaulicher Verträge:

(1) „Die Gemeinde kann städtebauliche Verträge schließen. Gegenstände eines städtebaulichen Vertrags können insbesondere sein:
1. die Vorbereitung oder Durchführung städtebaulicher Maßnahmen durch den Vertragspartner auf eigene Kosten; dazu gehören auch die Neuordnung der Grundstücksverhältnisse, die Bodensanierung und sonstige vorbereitende Maßnahmen, die Erschließung durch nach Bundes- oder nach Landesrecht beitragsfähige sowie nicht beitragsfähige Erschließungsanlagen, die Ausarbeitung der städtebaulichen Planungen sowie erforderlichenfalls des Umweltberichts; die Verantwortung der Gemeinde für das gesetzlich vorgesehene Planaufstellungsverfahren bleibt unberührt;
2. die Förderung und Sicherung der mit der Bauleitplanung verfolgten Ziele, insbesondere die Grundstücksnutzung, auch hinsichtlich einer Befristung oder einer Bedingung, die Durchführung des Ausgleichs im Sinne des § 1a Absatz 3, die Berücksichtigung baukultureller Belange, die Deckung des Wohnbedarfs von Bevölkerungsgruppen mit besonderen Wohnraumversorgungsproblemen sowie des Wohnbedarfs der ortsansässigen Bevölkerung;
3. die Übernahme von Kosten oder sonstigen Aufwendungen, die der Gemeinde für städtebauliche Maßnahmen entstehen oder entstanden sind und die Voraussetzung oder Folge des geplanten Vorhabens sind; dazu gehört auch die Bereitstellung von Grundstücken;
4. entsprechend den mit den städtebaulichen Planungen und Maßnahmen verfolgten Zielen und Zwecken die Errichtung und Nutzung von Anlagen und Einrichtungen zur dezentralen und zentralen Erzeugung, Verteilung, Nutzung oder Speicherung von Strom, Wärme oder Kälte aus erneuerbaren Energien oder Kraft-Wärme-Kopplung;

5.2 Elemente des Flächenmanagements

5. entsprechend den mit den städtebaulichen Planungen und Maßnahmen verfolgten Zielen und Zwecken die Anforderungen an die energetische Qualität von Gebäuden. […]

(2) Die vereinbarten Leistungen müssen den gesamten Umständen nach angemessen sein. Die Vereinbarung einer vom Vertragspartner zu erbringenden Leistung ist unzulässig, wenn er auch ohne sie einen Anspruch auf die Gegenleistung hätte. Trägt oder übernimmt der Vertragspartner Kosten oder sonstige Aufwendungen, ist unbeschadet des Satzes 1 eine Eigenbeteiligung der Gemeinde nicht erforderlich.

(3) Ein städtebaulicher Vertrag bedarf der Schriftform, soweit nicht durch Rechtsvorschriften eine andere Form vorgeschrieben ist.

(4) Die Zulässigkeit anderer städtebaulicher Verträge bleibt unberührt."

Üblicherweise werden Erschließungsmaßnahmen vertraglich geregelt. Diese können, wie im Beispielfall Airpark Giebelstadt, Erschließungsmaßnahmen zu Wasser, Kanal, Straßen regeln:

„Die Konversionsliegenschaft „Airpark Giebelstadt" (Eigentümerin Bundesanstalt für Immobilienaufgaben) liegt ca. 1 km östlich der Ortsgemeinde Giebelstadt zentral im südlichen Landkreis Würzburg.

Seit dem Abzug der amerikanischen Streitkräfte Ende 2006 findet keine militärische Nutzung auf der gesamten Liegenschaft mehr statt. Für einen Großteil der Liegenschaft ist eine zeitnahe zivile Anschlussnutzung in einem ersten Schritt mit dem Verkauf des Flugplatzes (Start- und Landebahn, Sicherheitsbereich, Taxiway, Tower, Hangars usw.) in den Jahren 2008 und 2011 an die Verkehrslandeplatz Giebelstadt Holding GmbH gelungen. Eigentümer und Verpächter sind die Gesellschafter Knauf Gips KG und der Markt Giebelstadt. Der Flugplatz Giebelstadt ist seit dem Jahr 2012 als öffentlicher ziviler Verkehrslandeplatz genehmigt. Es dürfen Flugzeuge bis 14 t starten und landen.

Im Jahr 2014 wurden auf einer von der Bundesanstalt für Immobilienaufgaben verpachteten Fläche mit rund 41 Hektar Solar-Module zur regenerativen Stromerzeugung aufgestellt.

Nach einer zwischen dem Markt Giebelstadt und der Bundesanstalt für Immobilienaufgaben geschlossenen Rahmenvereinbarung wird die verbleibende Liegenschaft abschnittsweise entwickelt und veräußert. Hierzu wurde die Liegenschaft in drei Bauabschnitte unterteilt. Für die Bauabschnitte 1.1. und 1.2 wurde parallel zur Änderung des Flächennutzungsplans (FNP) ein Bebauungsplan aufgestellt, der als Nutzungsart Gewerbe vorsieht und dessen Rechtskraft in Kürze zu erwarten ist.

Aufbauend auf die Rahmenvereinbarung wurde im Rahmen der Entwicklung im Bauabschnitt 1.1 ein städtebaulicher Vertrag zwischen der Marktgemeinde Giebelstadt und der Bundesanstalt für Immobilienaufgaben geschlossen. Durch diesen Vertrag wurde die Erschließung von

- Wasser
- Kanal
- Straßen

geregelt und sichergestellt" (Airpark Giebelstadt 2016).

Ein zweites Beispiel für die Vermarktung im Rahmen eines städtebaulichen Vertrages ist die Konversion in Hanau:

„Nach dem zweiten Weltkrieg war die Stadt Hanau einer der größten Militärstützpunkte der amerikanischen Streitkräfte in Europa. Zu dem Standort Hanau (Hanau Military Community) zählten auch die Stützpunkte des Fliegerhorstes Erlensee sowie Liegenschaften in Büdingen und Gelnhausen.

In den 1990er-Jahren erfolgte eine erste Reduzierung der in Deutschland stationierten Einheiten der US – Streitkräfte. Im Zuge dessen wurden auch in Hanau die ersten Kasernen an die Bundesrepublik Deutschland zurückgegeben. Damit begann ein erster Konversionsprozess, dessen Ergebnisse heute mit der entwickelten Hessen-Homburg Kaserne, der Francois Kaserne und einem Teilbereich der Großauheim Kaserne erfolgreich abgeschlossen ist.

Seit Ende 2008 sind in Hanau inzwischen alle von den amerikanischen Streitkräften genutzten Liegenschaften mit einer Gesamtfläche von ca. 340 ha aufgegeben worden und stehen für eine Entwicklung zur Verfügung. Das Spektrum der in der Stadt vorhandenen Konversionsliegenschaften reicht vom Einfamilienhaus über große Wohnsiedlungen mit insgesamt ca. 1.200 Wohneinheiten, Schulen, Kindergärten, Sport- und Freizeiteinrichtungen, Liegenschaften zur gewerblichen Nutzung bis hin zu 7 ehemaligen Kasernenanlagen, Übungsplätzen und weiteren Sonderliegenschaften.

Auf diese Seite präsentieren wir Ihnen alle zur Verwertung anstehenden Konversionsliegenschaften in der Stadt Hanau. Unsere zuständigen Mitarbeiterinnen und Mitarbeiter verfügen über langjährige Erfahrungen mit der Verwertung von ehemals militärisch genutzten Flächen. Die Bundesanstalt für Immobilienaufgaben (BImA) arbeitet eng und vertrauensvoll mit Investoren und der Stadt Hanau als Trägerin der Planungshoheit zusammen. Überzeugen Sie sich vom Potenzial unserer Liegenschaften und realisieren sie dort Ihre zukunftsorientierten und richtungweisenden Projekte. Unsere bereits bewährten Instrumente wie etwa Machbarkeitsstudien und Marktanalysen, der Abschluss städtebaulicher Verträge, Erschließungs- und Nutzungsverträge sowie flexible Finanzierungskonzepte können Ihnen bei der Umsetzung Ihrer Planungen hilfreich sein. Ihren innovativen Ideen und Konzepten stehen wir offen und aufgeschlossen gegenüber. Sprechen Sie uns an, wir werden Sie bei der Suche nach einer für Sie geeigneten Immobilie und der Realisierung Ihrer Vorstellungen mit unseren Verkaufsteams engagiert unterstützen" (Konversion Hanau 2016).

Flächen im Eigentum der öffentlichen Hand Flächen, deren Eigentümer die öffentliche Hand ist, sind geeignet strategische Ziele in der Ansiedlungspolitik umzusetzen, da der Verkauf der Flächen über die politischen Gremien erfolgt. So entscheidet der Gemeinde- oder Stadtrat über die Verkäufe. Im Vermarktungsprozess können ebenfalls die politischen Gremien über die Verkaufsstrategie entscheiden, beispielsweise über Zielgruppenansprache, Werbemaßnahmen, Messeauftritte, etc.

Im Weiteren ist die öffentliche Hand in der Lage, die regionale Flächenversorgung durch die Zusammenarbeit mit Nachbargemeinden zu lenken.

„Diese sog. interkommunalen Gewerbegebiete sind meist nicht nur ein der Not mangelnder Flächen folgender Kompromiss, sondern sie machen aus wirtschaftlicher Sicht ebenso wie standortbedingt sehr viel Sinn. Solche standortübergreifenden Gewerbeflächen besitzen häufig gute Anschlussmöglichkeiten, sind kurzfristiger zu belegen, da mehrere Standort- bzw. Belegenheitsgemeinden dieses Gewerbegebiet mit Betrieben versorgen und somit lange brachliegende Erschließungen entfallen. Es können auf diese Weise auch die Kapazitäten mehrerer Standorte zusammengefasst werden, sowohl in der Vermarktung als auch in der Betreuung der Betriebe. Auch die Finanzierung der Erschließung wird auf mehrere Schultern verteilt, sodass in der Regel die interkommunale Lösung überaus positiv bewertet werden kann" (Dallmann und Richter 2012, S. 209 f.)

5.2 Elemente des Flächenmanagements

Flächen in privatem Eigentum Die Vermarktung von Flächen in privatem Eigentum entzieht sich der Steuerung der öffentlichen Hand. Häufig besteht eine Zusammenarbeit mit den Wirtschaftsförderungseinrichtungen, da Anfragen extern oder von bereits ansässigen Unternehmen oftmals zunächst an die Wirtschaftsförderungseinrichtungen gelangen und diese private Liegenschaften meist in den Datenbanken haben.

Marketinginstrumente Die Barlachstadt Güstow fasst im „Konzept zur kommunalen Wirtschaftsförderung der Barlachstadt Güstow" unter dem Punkt Marketinginstrumente zusammen:

▶ **Marketinginstrumente** „Unter Marketinginstrumenten ist die gebräuchliche Bezeichnung für diejenigen Marketingmittel und -maßnahmen zu verstehen, mit denen Zielgruppen avisiert werden, wie mit der Zielgruppe kommuniziert wird, wie der Vertrieb zu geschehen hat u. a. Hinsichtlich der Anzahl, der Art und der Reihenfolge der Marketinginstrumente bestehen verschiedene Ansichten. Am weitesten verbreitet sind die Vier-Faktoren-Ansätze. Unter Berücksichtigung der verschiedenen Umfänge, Inhalte und Abfolgen scheint für das Standortmarketing die folgende Einteilung die zweckmäßigste zu sein:

- Standortqualität
  Die Standortqualität ist auch unter dem Aspekt der Angebotsqualität zu bewerten und bezieht sich auf das vor Ort vorhandene Potenzial an Standortvorteilen.
- Förderung
  Die Förderung des Verkaufs bzw. der Vermarktung versteht sich als Preispolitik, die einen entscheidenden Einfluss auf den Erfolg der Wirtschaftsförderung hat.
- Persönlicher Einsatz der Wirtschaftsförderer
- Information und Kommunikation
  Entstehen durch Vernetzung Austausch" (Güstrow, 2016, S. 16)
  Dallmann und Richter (2012, 230 ff.) erweitern die Möglichkeiten und sprechen von einem „Marketingmix", der die Vermarktungsbemühungen unterstützt.

Public Relations Im weiteren Sinne kann „ein positives Meinungsbild, Akzeptanz, Wahrnehmung und die Kenntnis der wirtschaftspolitischen Ziele des Standortes..." (Dallmann und Richter 2012, S. 230) die Vermarktung unterstützen, da damit geworben werden kann.

Zusammenarbeit mit der Presse Wirtschaftspolitische Themen an die lokale Presse heranzutragen, trägt nicht nur zur Sensibilisierung der Leser für die lokale Wirtschaft bei, sondern kann auch bestehende Flächenangebote besprechen und damit Interessenten Hinweise auf Erweiterungsmöglichkeiten geben. Dieselbe Funktion können auch eigene Publikationen haben oder kommunale Mitteilungsblätter.

Lokale Radio- und Fernsehsender Neben den Printmedien sind lokale Radio- und Fernsehsender eine weitere Möglichkeit, durch Kommunikation von Flächenangeboten mögliche Interessenten anzusprechen.

Netzwerke Netzwerke bilden einen wichtigen Kanal zur Bekanntmachung von Flächenangeboten, da diese als Multiplikatoren dienen.

Messen Die bedeutendste Immobilienmesse Deutschlands, die Expo Real in München, die jährlich jeweils im Oktober stattfindet, bietet eine hervorragende Plattform zur Vermarktung von Gewerbe- und Industrieflächen.
Direkte Werbemaßnahmen sind möglich:

- auf Großveranstaltungen
- als Huckepackwerbung
- als Sonderbeilagen
- als Präsentation in Standortmagazinen
- durch Standortbotschaften (vgl. Dallmann und Richter 2012, S. 234 ff.)

5.3 Elemente des Immobilienmanagements

Neben dem Angebot an Gewerbe- und Industrieflächen bildet das Immobilienangebot an Gebäuden und Gebäudeflächen einen wichtigen Bestandteil des Angebots für Interessenten zur Neuansiedlung und Erweiterung.
Das Immobilienmanagement umfasst:

- Bürogebäude
- Lagerhallen
- Gebäude für industrielle Nutzung
- Gebäude für handwerkliche Nutzung
- Hotels
- Einzelhandelsflächen

Für den Vermarktungserfolg ist die möglichst lückenlose Kenntnis der Immobilien entscheidend. Idealerweise liegt den Wirtschaftsförderungseinrichtungen ein Exposé vor, das den Interessenten Erstinformationen zur Immobilie geben kann.
In Bezug auf Immobilien sind die Wirtschaftsförderungseinrichtungen auf die Zusammenarbeit mit Maklern und privaten Eigentümern angewiesen, da nur in seltenen Fällen die öffentliche Hand Eigentümer von Immobilien ist. Ausnahme ist hier die BImA.
Ein Leerstandskataster, wie dies immer häufiger bei Einzelhandelsflächen geführt wird, ist ebenfalls für die Wirtschaftsförderungseinrichtungen von Wichtigkeit, um aktuelle Sachstände weitergeben zu können.

5.3 Elemente des Immobilienmanagements

In Zusammenarbeit mit den Touristikeinrichtungen sollten Übernachtungszahlen vorliegen, sowie Zahlen, die auf den Bedarf weiterer Bettenkapazitäten Rückschlüsse ziehen lassen.

Wirtschaftsförderungseinrichtungen sind dann in der Lage, aktiv für weitere Hotelkapazitäten zu werben. Insbesondere Hotelkonzerne sind interessiert an Bedarfseinschätzungen.

Für Wirtschaftsförderungseinrichtungen ist es essenziell, über den Bestand an Immobilien idealerweise lückenlos Kenntnis zu haben, um Anfragen von Interessenten bearbeiten zu können.

In Bezug auf Immobilien, die sich in kommunaler Hand befinden, ergibt sich häufig folgende Problematik:

- „Das Hauptproblem ist meist das Fehlen von Daten über das Anlagevermögen. Vorhandenes Wissen ist oft nur von einer Person direkt abrufbar und schlecht dokumentiert. Scheiden die „wissenden" Mitarbeiter aus zentralen Funktionen aus, wird erst dies zum Anlaß für eine systematische Dokumentation genommen.
- Obendrein ist die Aktualität der Daten über die städtischen Gebäude und Flächen sowie deren Nutzung, Einrichtung und technische Ausstattung in vielen Verwaltungen mangelhaft.
- Häufig fehlen auch Gesamtübersichten, selbst wenn die dazu benötigten Daten in einzelnen Teilbereichen der Verwaltung durchaus vorhanden sind. Doch selbst deren Zusammenführung bereitet Schwierigkeiten. Ursachen dafür sind einerseits die Inkompatibilität vorliegender Datenbestände und andererseits personelle Engpässe, die eine zügige Abarbeitung der notwendigen Erhebungen behindern.
- Kommunale Praktiker beklagen zudem oft eine unzureichende Kommunikations- und Kooperationsbereitschaft bei den beteiligten Ämtern.
- Generell ist die Diskussion um eine Reform der Gebäudewirtschaft vielerorts durch eine starke Verunsicherung der Mitarbeiter und Mitarbeiterinnen belastet – dies umso mehr, als im Zuge der Neuordnung auch die Zukunft verschiedener bisheriger Querschnittsämter (vor allem der Hochbauämter und Hauptämter) zur Debatte steht. Subjektive Ängste, oft auch verstärkt durch unzureichende Mitarbeiterinformation und -beteiligung, führen bis zu Verweigerungshaltungen der von den anstehenden Veränderungen betroffenen Beschäftigten.
- Ein auf diese speziellen Umsetzungsschwierigkeiten abgestimmtes Projektmanagement gewinnt damit an Brisanz. Beantwortung und Entscheidung bei Fragen der organisatorischen Vorbereitung (z. B. wie die städtische Projektgruppe zu besetzen ist, wem die Leitung der Gruppe übertragen und mit welchen Kompetenzen diese Gruppe ausgestattet wird) erweisen sich als maßgeblich für einen erfolgreichen Abschluss des Vorhabens. Fehlende Zielvorgaben vonseiten der Verwaltungsspitze und mangelnde Abstimmungen mit der Gemeindevertretungskörperschaft erschweren in besonderer Weise ein Management des Wandels.
- Es gibt zwar Modellübersichten für die Neugestaltung der Gebäudewirtschaft (Eigentümer-, Mieter-Vermieter- und Management-Modell), doch bestehen noch erhebliche Unsicherheiten hinsichtlich der Vor- und Nachteile sowie der umschriebenen Ansätze. Ebenso ungewiss sind für viele Entscheidungsträger die steuerlichen, haushaltswirtschaftlichen und steuerungsrelevanten Konsequenzen bei der Entscheidung für die eine oder andere Betriebsform. Gleichwohl ergeben sich – bezogen auf die einzelnen Varianten – spezielle Fragen der Ausgestaltung der betriebswirtschaftlichen Instrumente, so beispielsweise zur Nutzung von ökonomischen Anreizinstrumenten (besonders für die

Mietgestaltung) oder zu notwendigen Inhalten von Service-, Miet- oder Nutzungsverträgen" (Frischmuth 1998, S. 9 f.).

Aus der Notwendigkeit der Entwicklung eines effektiven Gebäudemanagements im kommunalen Bereich entstand das „Dresdner Modell" (vgl. Frischmuth 1998, S. 194 ff.) Dessen strategische Ziele sind insofern für Wirtschaftsförderungseinrichtungen von Bedeutung, als diese Einfluss auf den Bestand von Gewerbeimmobilien haben (vgl. Frischmuth 1998, S. 204):

- „Fixierung der organisatorischen Zielrichtung im Bereich der Grundstücks- und Gebäudeverwaltung (organisatorische Modelle, Service-Betriebe, Privatisierungen),
- Grundsatzentscheidungen über das Verhältnis von Kauf, Neubau oder Anmietung, Grundsatzentscheidungen über die Aktivierung der Vermögenssubstanz durch Verkauf oder langfristige Bewirtschaftung von Erträgen,
- Schwerpunktsetzungen bei der Mittelverteilung (z. B. Bauunterhaltung und Bauinvestitionen),
- Zusammenarbeit mit privaten Investoren, Entwicklungsziele Stadtgebiete, Standortkonzentration Verwaltung,
- Aufbau eines Gebäudeinformationssystem, Einführung der Kostenrechnung" (Frischmuth 1998, S. 204).

In der Folge können folgende Inhalte für operative Ziele sein:

- „Freigabe eines bestimmten Gebäudes in der nächsten Berichtsperiode,
- Veräußerung von 5 % des Finanzvermögens in den nächsten 2 Jahren,
- Entwicklungsziele für einzelne Großobjekte,
- Reduktion der Bewirtschaftungskosten pro qm um 15 % usw" (Frischmuth 1998, S. 204).

Resümee

Über die Möglichkeiten von Kommunen zu Bereitstellung eines hinreichend großes Angebotes an für Unternehmen nutzbaren Flächen und Immobilien wurde im vorliegenden Kapitel ausführlich informiert. Insbesondere der Wert von leistungsstarken Flächeninformationssystemen und Flächenmanagementsystemen wurde dabei deutlich. Zudem ist es notwendig, dass die Mitarbeiterinnen und Mitarbeiter kommunaler Wirtschaftsförderungseinrichtungen, gleichgültig ab als Amt oder eigenständige Gesellschaft organisiert, Flächenangebote und Flächennachfrage in Beziehung zueinander bringen, und bei sich abzeichnenden Knappheiten konstruktive Lösungen erarbeiten. Es handelt sich dabei um einen Prozess, auf Basis einer zielgerichteten und oftmals intensiven Kommunikations-, Interaktions- und Kooperationszusammenhangs mit den anderen in den Prozess des Flächen- und Immobilienmanagements, der Flächenentwicklung und Vermarktung involvierten Akteure.

Kontroll- und Lernfragen

- Was versteht man unter Flächenmanagement?
- Welche fünf Pull-Faktoren sind nach Dallmann und Richter für die Neuansiedlung von Unternehmen von größter Relevanz?
- Was ist das Ziel der Flächenentwicklung?
- Wie lassen sich Flächen und Immobilien effizient und erfolgreich vermarkten?
- Welche Arten von Zweckverbänden sind Ihnen bekannt?
- Was versteht man unter einem „städtebaulichen Vertrag"?
- Welche Problematik ergibt sich nach Frischmuth häufig im Zusammenhang mit der Vermarktung von Immobilien, die sich im Eigentum der von Kommunen befinden?

Literatur

Airpark Giebelstadt. (2016). https://airpark-giebelstadt.bundesimmobilien.de/ Zugegriffen am 22.05.2016.
Baugesetzbuch. http://dejure.org/gesetze/BauGB/11.html Zugegriffen am 18.01.2016.
Bock, S., Hinzen, A., & Libbe, J. (Hrsg.). (2011). *Nachhaltiges Flächenmanagement – ein Handbuch für die Praxis*. Berlin: Deutsches Institut für Urbanistik.
Boyken, F. (2002). *Handbuch zur kommunalen Wirtschaftsförderung*. Frankfurt: Peter Lang GmbH.
Dallmann, B., & Richter, M. (2012). *Handbuch der Wirtschaftsförderung. Praxisleitfaden zur kommunalen und regionalen Standortentwicklung*. München: Haufe-Lexware GmbH & Co. KG.
FM Beratungsgesellschaft. (2016). Flächenmanagement. http://www.fmberatung.de/fmb2/images/pdf/flachenmanagement.pdf Zugegriffen am 18.01.2016.
Frischmuth, B. (Hrsg.). (1998). *Kommunales Gebäudemanagement – Konzepte und deren praktische Umsetzung*. Berlin: Deutsches Institut für Urbanistik.
GMG – Grundstücks-Marketing-Gesellschaft der Stadt Viersen mbH. (2016). Immobilienmanagement der Wirtschaftsförderung Viersen. http://www.wirtschaftsfoerderung.gmg-viersen.de/immobilienmanagement.html. Zugegriffen am 22.05.2016.
Guhse, B. (2005). *Kommunales Flächenmonitoring und Flächenmanagement*. Heidelberg: Herbert Wichmann Verlag.
Güstrow. (2008). Konzept zur kommunalen Wirtschaftsförderung der Barlachstadt Güstrow. Entwurf. http://www.guestrow.de/fileadmin/downloads/wirtschaft/entwurf_wirtschaftskonzept.pdf Zugegriffen am 22.05.2016).
Konversion Bitburg. (2016). http://www.konversion-bitburg.de/zweckverband/. Zugegriffen am 22.05.2016.
Regionalkunde Ruhrgebiet. (2016). http://www.ruhrgebietregionalkunde.de/erneuerung_stadtregionaler_raeume/industriebrachen/flaechenmanagement.php?p=4,0 Zugegriffen am 22.05.2016.
Schönwandt, W., Jung, W., Jacobi, J., & Bader, J. (2009). *Flächenmanagement durch innovative Regionalplanung. Ergebnisbericht des Refina Forschungsprojekts FLAIR*. Göttingen: Verlag Dorothea Rohn.
Zweckverband Fliegerhorst Langendiebach. (2016). Allgemeine Infos. http://fliegerhorst-langendiebach.info/de/zweckverband/#1. Zugegriffen am 22.05.2016.

Gesamtresümee und Abschlusskontrolle 6

6.1 Resümee

Kernaufgabe aller kommunalen und regionalen Wirtschaftsförderungseinrichtungen ist es, die regionale Wirtschaft in Bezug auf positive Entwicklung zu unterstützen. Die globale Aussage konkretisiert sich auf viele Felder der Betätigung von Wirtschaftsförderungseinrichtungen: One-Stop-Agency, Ansprechpartner für alle ansässigen Unternehmen in allen Fragen zum Wirtschaftsstandort, Ansprechpartner für externe Unternehmen.

Um diese Aufgaben erfolgreich zu bewältigen, ist es notwendig eine Basis der Selbsteinschätzung der regionalen Wirtschaftsstrukturen zu haben.

Um diese zu erlangen, ist es notwendig, anhand einer Datenbasis, eine Standortbestimmung durchzuführen und diese führt zu Management – dem Standortmanagement, das die Standortentwicklung, das Flächen- und Immobilienmanagement umfasst.

Folgende Fragen sind unter anderem zu klären:

- Wie hat sich die Wirtschaftsregion entwickelt?
- Welche Ereignisse bedingten diese Entwicklung?
- Welche Schlüsse können daraus gezogen werden?

Resultierend aus den Erkenntnissen kann ein Standortmanagement installiert werden, das nicht statisch ist. Es passt sich an Entwicklungen an, spricht Handlungsempfehlungen aus und vermarktet den Standort.

Wirtschaftsförderungseinrichtungen spielen hier eine entscheidende Rolle, Fakten zu analysieren und daraus Schlüsse für Entwicklungen abzuleiten. Je nach festgestellten Standortfaktoren können Ziele formuliert werden wie Förderung bestimmter Cluster, die Verbesserung des Angebots von Fachkräften, die aktive Vermarktung des Standortes durch gezielte Marketingmaßnahmen.

Letztlich ist das Standortmanagement ein Instrument, Wachstumsimpulse zu setzen zur Verbesserung der Wirtschaftsstruktur einer Region – ein Hauptziel der Wirtschaftsförderungseinrichtungen.

6.2 Abschließende Kontroll- und Lernfragen

1) Welche der folgenden Standortfaktoren kann man als zentrale Standortfaktoren bezeichnen?
   a) Qualifikation der Arbeitnehmer
   b) Qualität der lokalen Infrastruktur
   c) Image des Standorts
   d) Verflechtungs- und Agglomerationsvorteile
   e) monetäre Standortfaktoren (Steuern, Subventionen, etc.)
2) Welche Informationen sollten zur Steuerung von Flächenentwicklungen vorliegen?
   a) Qualität des Ausblicks
   b) Lage etwaiger Wasseradern
   c) Fläche der Liegenschaft
   d) Besondere Qualitäten der Flächen
3) Was sind Ziele der Flächenentwicklungen?
   a) Potenziale im Innenbereich verstärkt zu nutzen
   b) Baumaßnahmen auf das erforderliche Maß zu reduzieren
   c) Höhere Versiegelungskoeffizienten zu erreichen
4) Welche interdisziplinären Handlungsfelder sind im Flächenmanagement anzutreffen?
   a) Wirtschaftsförderung
   b) Leichtbauplanung
   c) Finanzierungsförderung
   d) Vertrauensmanagement
5) Welche Schritte sind Teil einer Analyse des Bestandes an unbebauten und bebauten Flächen nach Dallmann und Richter?
   a) WENN-Analyse
   b) Umsetzung
   c) DANN-Konzept
   d) FALLS-Plan
6) Welche Kriterien können auf das Gewerbeflächenkataster angewandt werden?
   a) angebaute Flächen
   b) Büroflächen
   c) Verkehrsflächen
   d) Laborflächen
7) Welche Faktoren sind Teil des Vier-Faktoren-Ansatzes des Standortmarketings?
   a) Standortintensität
   b) Förderung
   c) Information

6.2 Abschließende Kontroll- und Lernfragen

8) Welche der folgenden Marketingkanäle können Teil eines Marketingmix sein?
   a) Public Relations
   b) Radio- und Fernsehsender
   c) Huckepackwerbung
   d) Netzwerke
9) Welche Gebäudearten umfasst das Immobilienmanagement?
   a) Lagerhallen
   b) Hotels
   c) Einzelhandelsflächen
10) Welche Probleme können nach Frischmuth bei Gebäuden in kommunaler Hand auftreten?
    a) keine organisierte Dokumentation von Daten
    b) Zerstreuung von Daten in einzelnen Abteilungen
    c) schlechte Kommunikation
11) Welche der folgenden Aussagen stellen operative Ziele dar?
    a) „Veräußerung von 5 % des Finanzvermögens in den nächsten 2 Jahren"
    b) „Reduktion der Bewirtschaftungskosten pro qm um 15 %"
    c) „Neuorientierung hin zu Bürogebäuden"
12) Welche der nachfolgenden Vorgänge sind *nicht* Teil des Management-Regelkreises?
    a) Selbstfindung
    b) Kontrolle
    c) Planung
    d) Scheitern
13) Welche der nachfolgenden Antworten sind nach Schnurrenberger *keine* Agglomerationsebenen?
    a) Flughäfen
    b) Regionen
    c) Subregionen
    d) Kontinente
14) Welche der folgenden Aussagen sind nach Thiersteins Ansicht über Standortmanagement *nicht* zutreffend?
    a) Standortmanagement muss sich auf der strategischen Ebene um eine Vision für die Region kümmern.
    b) Auf der operativen Ebene geht es um die Strategieentwicklung
    c) Die strategische Ebene des Standortmarketings steht für Systementwicklung
15) Bitte erstellen Sie für eine Stadt Ihrer Wahl mindestens eine der folgenden Analysen:
    a) SWOT-Analyse
    b) STEEP-Analyse
    c) Sozialstrukturanalyse
    d) Wirtschaftsstruktur- und Branchenanalyse

16) Bitte erstellen Sie für eine Stadt oder Region Ihrer Wahl eine Konzeption für mindestens ein neues Netzwerk, das auf eine Erhöhung von Innovation und/oder Kreativität in dem ausgewählten Wirtschaftsraum abstellt.
    – Bitte definieren Sie das Projektziel.
    – Bitte benennen Sie mögliche Meilensteine des Projekts.
    – Bitte benennen Sie die „Schlüsselakteure" des Netzwerks.
    – Wie könnte das Netzwerk organisiert werden?
    – Wie könnte das Netzwerk finanziert werden?
    – Wie erfolgen die Dokumentation und das Projektcontrolling?
    – Wie könnte ein Austausch mit anderen Netzwerken auf einer Metaebene erfolgen?
    – Wann sollte das Projekt beendet werden?
17) Recherchieren Sie im Internet Beratungsfirmen, die bei der Standortanalyse und Standortwahl behilflich sind. Was erfahren die Leser bezüglich der methodischen Vorgehensweise, den Referenzprojekten und dem Leistungsangebot des Unternehmens?
18) Was spricht dafür und was dagegen, als Mitarbeiterin bzw. Mitarbeiter einer kommunalen Wirtschaftsförderungseinrichtung eine Liste von relevanten Beratern anzufertigen und proaktiv an die recherchierten Standortberater heranzutreten, um diesen von den Stärken Ihres Standortes zu überzeugen? Bitte erstellen Sie eine diesbezügliche Pro- und Contraliste.
19) Szenario: Sie sind Leiter/in einer kommunalen Wirtschaftsförderung in der 20.000-Einwohnerstadt Musterhausen. Sie planen ein erstes Sondierungsgespräch in einem Restaurant am Rande einer bekannten, bundesdeutschen Immobilienmesse mit dem Investor Dr. Erwin Erstklassig. Dieser ist geschäftsführender Gesellschafter eines Handelsunternehmen aus der Möbelbranche mit 50 Filialen in ganz Europa. Im Mittelpunkt sollen die Möglichkeiten einer Ansiedlung dieser Möbelkette in Musterhausen stehen.
    Bitte erstellen Sie stichwortartig ein Konzept für das Gespräch. Dieses sollte u. a. die folgenden Punkte berücksichtigen:
    – Zielbestimmung für das Gespräch
    – Flächen- und gegebenenfalls auch Immobilienangebote
    – Kundenorientierte Standortvorteile inkl. der kommunalen Infrastruktur
    – mögliche Unterstützungsleistungen
    – voraussichtliche Genehmigungsdauer
    – regionales Arbeitskräfteangebot
    Vorschlage für weitere Vorgehensweise (Definition von Meilensteinen)
20) Szenario: Phantasiestadt ist eine überschaubare mittelgroße Stadt mit 50.000 Einwohnern inmitten eines Talkessels einer Mittelgebirgsregion Deutschlands. Durch diese geographische Lage gestaltet sich die Verkehrsanbindung problematisch. So ist Phantasiestadt lediglich über einen kleinen Tunnel mit zwei Spuren mit der nächsten Landstraße verbunden. Diese ist zwar in sehr gutem Zustand und ermöglicht durch ihren geraden Verlauf ein zügiges Vorankommen, bleibt jedoch bis zum Autobahnanschluss in 30 km Entfernung auch zweispurig. Als weitere Verkehrswege sind noch eine Eisenbahnstrecke für den Regionalverkehr vorhanden, sowie einige einspurige Straßen, die zu kleinen

6.2 Abschließende Kontroll- und Lernfragen

Dörfern auf den umliegenden Bergen führen. Ein Ausbau der Gleise wurde bereits in Erwägung gezogen, musste jedoch verworfen werden, da die bergige Lage eine Hochgeschwindigkeitsstrecke nach derzeitigem Stand der Technik ausschließt. Der nächste Flughafen ist drei Autostunden entfernt vorzufinden. Der Bau eines näher liegenden Flughafens ist ebenfalls aus geographischen Gründen nicht möglich. Ein rudimentäres Busnetz ist vorhanden. Die innerstädtischen Straßen sind an ihrer Auslastungsgrenze, da das Ortsbild vorrangig geprägt ist durch kleine Gassen und Straßen. Eine Erweiterung der Straßen scheidet in weiten Teilen aus, da überdurchschnittlich viele Gebäude dem Denkmalschutz unterliegen. Ein Ausbau der Hauptstraße wurde durch ein Bürgerbegehren aufgrund von Bedenken bezüglich des Lärms verhindert. Ein Grund dafür könnte die überdurchschnittlich alte Bevölkerung sein. Auch dieses Problem wurde erkannt und junge Menschen wurden zu Abwanderungsgründen befragt. Dabei wurden vor allem genannt „mangelnde Aus- und Weiterbildungsmöglichkeiten", „keine Arbeitsplätze im angestrebten Berufsfeld", „keine ausreichenden Freizeitangebote". Die Ansiedlung von neuen Betrieben, sowie der Ausbau bestehender Firmen gestalten sich in der Tat schwierig, aufgrund der begrenzten Baufläche. Die bisherige wirtschaftliche Struktur ist vorrangig geprägt durch kleine Handwerks- und Einzelhandelsläden, die, obwohl die Region bekannt ist für ihr sehr gutes Handwerk, jedoch zunehmend aufgrund des Mangels an Nachfolgern schließen. Der Hauptgrund dafür ist die stetig sinkende Kaufkraft. Die Innenstadt ist zunehmend geprägt von leerstehenden Kleinbetrieben. Die Versorgungsnetze für Strom, Wasser, Abwasser und Gas haben noch große Kapazitäten, wurden sie doch in den 1970er- und 1980er-Jahren, in Erwartung einer sich vergrößernden Bevölkerung, massiv ausgebaut. Neben der malerischen Innenstadt bieten die umliegenden Wälder mit Wanderwegen und Sportpfaden noch ungenutztes touristisches Potenzial.

Bitte erstellen Sie für Phantasiestadt eine SWOT-Analyse. Entwickeln Sie darauf aufbauend verschiedene Lösungsstrategien. Diskutieren Sie mit anderen Personen Ihren Lösungsansatz.

SWOT-Analyse		Interne Analsye	
		Stärken (Strength)	Schwächen (Weaknesses)
Externe Analyse	Chancen (Oppurtunities)		
	Gefahren (Threats)		

Verwaltung, Recht, öffentliche Sicherheit	Vorhanden	Ausbaustufe	Handlungsbedarf
Amtsgericht			
Landgericht			
Sozialgericht			
Polizeipräsenz			
Behörden			
Legende	Ja Nein	1 Sehr gut 3 Mittelmäßig 5 Schlecht	Ja Nein

6.2 Abschließende Kontroll- und Lernfragen

Verkehr	Vorhanden	Ausbaustufe	Handlungsbedarf
Legende	Ja Nein	1 Sehr gut 3 Mittelmäßig 5 Schlecht	Ja Nein

Internet & Mobilfunk	Vorhanden	Ausbaustufe	Handlungsbedarf
Legende	Ja Nein	1 Sehr gut 3 Mittelmäßig 5 Schlecht	Ja Nein

Ver- & Entsorgung	Vorhanden	Ausbaustufe	Handlungsbedarf
Legende	Ja Nein	1 Sehr gut 3 Mittelmäßig 5 Schlecht	Ja Nein

6 Gesamtresümee und Abschlusskontrolle

Innovative Modelle der Energieversorgung	Vorhanden	Ausbaustufe	Handlungsbedarf
Legende	Ja Nein	1 Sehr gut 3 Mittelmäßig 5 Schlecht	Ja Nein

Bildungsinfrastruktur	Vorhanden	Ausbaustufe	Handlungsbedarf
Legende	Ja Nein	1 Sehr gut 3 Mittelmäßig 5 Schlecht	Ja Nein

Kinderbetreuung	Vorhanden	Ausbaustufe	Handlungsbedarf
Kinderkrippe (staatl./kirchl.)			
Kindergärten			
Kindertagesstätten			

6.2 Abschließende Kontroll- und Lernfragen

Private Kinderbetreuung	Vorhanden	Ausbaustufe	Handlungsbedarf
Legende	Ja Nein	1 Sehr gut 3 Mittelmäßig 5 Schlecht	Ja Nein

Dienstleistungen	Vorhanden	Ausbaustufe	Handlungsbedarf
Legende	Ja Nein	1 Sehr gut 3 Mittelmäßig 5 Schlecht	Ja Nein

Weiterführende Literatur

Printquellen

Biedenkopf, K. (2007). *Die Ausbeutung der Enkel. Plädoyer für die Rückkehr der Vernunft*. Berlin: List Taschenbuch.
Blatter, J. (2005). Metropolitan Governance in Deutschland: Normative, utilitaristische, kommunikative und dramaturgische Steuerungsansätze. *Swiss Political Science Review, 11*(1), 119–155.
Eichner, V. (1994). Das „Management von Figurationen" im Bereich regionaler Wirtschafts- und Technikförderung. In L. Elmar (Hrsg.), *Der Wandel der Wirtschaft. Soziologische Perspektiven* (S. 357–373). Berlin: Ed. Sigma.
Heinze, R. (1998). *Die blockierte Gesellschaft. Sozioökonomischer Wandel und die Krise des „Modell Deutschland"*. Opladen/Wiesbaden: Westdeutscher Verlag GmbH.
Pieper, M. (1994). *Das interregionale Standortwahlverhalten der Industrie in Deutschland – Konsequenzen für das kommunale Standortmarketing*. Göttingen: Verlag Otto Schwartz & Co.
Runer, H. (1999). *Die Bestimmung der Standortanforderungen bei Standortentscheidungen*. Frankfurt.
Schiefer, B. (1989). *Kommunale Wirtschaftsförderungsgesellschaften. Entwicklung, Praxis und rechtliche Problematik*. Köln/Berlin/Bonn/München: Carl Heymanns Verlag KG.
Sinn, H.-W. (2005). *Die Basar-Ökonomie. Deutschland. Exportweltmeister oder Schlusslicht?* Bonn: Lizenzausgabe für die Bundeszentrale für politische Bildung.
Strubelt, W. (1998). Stadtentwicklung. In H. Häußermann (Hrsg.), *Großstadt. Soziologische Stichworte* (S. 220–234). Opladen: Leske + Budrich.
Voelzkow, H. (1997). *Können Räume handeln? Die Steuerung regionaler Modernisierung. In City-Management*. Opladen: Städteplanung zwischen Globalisierung Verlag.

Online-Quellen

(Zugegriffen am 22.05.2016).

BBC Geography. Characteristics of industry. http://www.bbc.co.uk/schools/gcsebitesize/geography/economic_change/characteristics_industry_rev4.shtml

Der Standortfaktor Flughafen. https://www.youtube.com/watch?v=tDwXSeu-ml4

Deutsche Post: Standortanalyse leicht gemacht mit dem Geovista Standortcheck. https://www.youtube.com/watch?v=CRr7FS-NZs8

DIE WELT: So finden Firmen den perfekten Standort. http://www.welt.de/finanzen/immobilien/article4485949/So-finden-Firmen-den-perfekten-Standort.html

ExperConsult: Analysen: Alles Quatsch?. https://www.youtube.com/watch?v=L7cJBq0Cyd4

FOCUS MONEY: Mehr als eine Frage des Gefühls. So finden Sie den perfekten Standort für Ihre Firma. http://www.focus.de/finanzen/experten/flehmig-pichlmaier/der-richtige-standort-mehr-als-eine-frage-des-gefuehls_id_3701648.html

HSBC hinterfragt Standort London. https://www.youtube.com/watch?v=wvtVBxH03vs

Interdisziplinäre Handlungsfelder und Verknüpfungen beim Flächenmanagement und Flächenrecycling. http://www.ruhrgebiet-regionalkunde.de/erneuerung_stadtregionaler_raeume/industriebrachen/flaechenmanagement.php.media/28230/handlungsf.gif.scaled/538x386.pm1.bgFFFFFF.png

MittelstandsWiki. Themen für Unternehmen: Standortranking, Top-Standorte mit Technologie, Talenten und Toleranz. http://www.mittelstandswiki.de/2010/09/standortranking-top-standorte-mit-technologie-talenten-und-toleranz/

Praxisbeispiel für Standortwahl einer Waschstraße, Car wash business – Site selection. https://www.youtube.com/watch?v=rPyHdkk_034

Projekt „Airpark Giebelstadt". http://airpark-giebelstadt.bundesimmobilien.de

Projekt „Konversion in Hanau". http://konversion-hanau.bundesimmobilien.de

SPOTT-LIGHT (Satire) mit Dieter Hallervorden. Sozialpartner retten Standort Deutschland. https://www.youtube.com/watch?v=tzQz3-Ojjwo

Standortanalyse mit der Deutschen Post. https://www.youtube.com/watch?v=pcbErXVTL-I

Standortfaktoren deutscher Städte. http://www.standortanalyse.biz/de/standortanalyse-standortinformation.html

Standortstudie „Hochtechnologie: St. Galler Rheintal im Vergleich" durchgeführt durch die Firma Contor GmbH 24. November 2005. http://www.agv-rheintal.ch/download_temp/Studie%20St.%20Galler%20Rheintal_Der%20Vergleich%20-%20Contor_Analyse%20%280149264%29.pdf

tutor2u Locating a Startup Business. http://www.tutor2u.net/business/quiz/startuplocation/quiz.html

tutor2u Quiz Businesslocation. http://www.tutor2u.net/business/quiz/businesslocation/quiz.html

Springer Gabler

springer-gabler.de

Das Gabler Wirtschaftslexikon – aktuell, kompetent, zuverlässig

Springer Fachmedien Wiesbaden, E. Winter (Hrsg.)
Gabler Wirtschaftslexikon
18., aktualisierte Aufl. 2014. Schuber, bestehend aus 6 Einzelbänden, ca. 3700 S. 300 Abb. In 6 Bänden, nicht einzeln erhältlich. Br.
* € (D) 79,99 | € (A) 82,23 | sFr 100,00
ISBN 978-3-8349-3464-2

- Das Gabler Wirtschaftslexikon vermittelt Ihnen die Fülle verlässlichen Wirtschaftswissens
- Jetzt in der aktualisierten und erweiterten 18. Auflage

Das Gabler Wirtschaftslexikon lässt in den Themenbereichen Betriebswirtschaft, Volkswirtschaft, aber auch Wirtschaftsrecht, Recht und Steuern keine Fragen offen. Denn zum Verständnis der Wirtschaft gehört auch die Kenntnis der vom Staat gesetzten rechtlichen Strukturen und Rahmenbedingungen. Was das Gabler Wirtschaftslexikon seit jeher bietet, ist eine einzigartige Kombination von Begriffen der Wirtschaft und des Rechts. Kürze und Prägnanz gepaart mit der Konzentration auf das Wesentliche zeichnen die Stichworterklärungen dieses Lexikons aus.

Als immer griffbereite „Datenbank" wirtschaftlichen Wissens ist das Gabler Wirtschaftslexikon ein praktisches Nachschlagewerk für Beruf und Studium - jetzt in der 18., aktualisierten und erweiterten Auflage. Aktuell, kompetent und zuverlässig informieren über 180 Fachautoren auf 200 Sachgebieten in über 25.000 Stichwörtern. Darüber hinaus vertiefen mehr als 120 Schwerpunktbeiträge grundlegende Themen.

€ (D) sind gebundene Ladenpreise in Deutschland und enthalten 7% MwSt; € (A) sind gebundene Ladenpreise in Österreich und enthalten 10% MwSt. sFr sind unverbindliche Preisempfehlungen. Preisänderungen und Irrtümer vorbehalten.

Jetzt bestellen: springer-gabler.de